松浦黨關係史料集

第四

八木書店

凡　例

一、本書「松浦黨關係史料集」は、肥前國松浦地方に土著繁榮した嵯峨源氏の子孫と稱する松浦黨に關する、平安時代以降の殘存史料を編年史料集として刊行するものである。

一、本卷「第四」には、應永二年（一三九五）から文明元年（一四六九）に至る七五年間の史料一八二點を收めた。松浦黨に係わることが明瞭な史料以外に、松浦郡所在の地名・寺社名等があらわれる史料、對馬・壹岐・松浦を意味する「三島」の語を含む史料も、採錄對象とした。

一、各史料の冒頭に一連番號を附し、文書名、出典を表示し、適宜頭注を附した。

一、檢討を要すると思われる文書には、文書名の下に△を附した。

一、無年號文書等で便宜合敍した文書には、文書名の下に※を附した。

一、本卷末には、「第一」～「第三」の時代の補遺文書六〇點を收錄した。

一、用字は原則として正字を用いたが、異體字を用いた箇所もある。變體假名は常用假名に改めた。

一、本文中に、讀點「、」、竝列点「・」を加えた。

一、史料の磨滅、蟲喰等により解讀不能の部分は、その狀態により□・□□・[　　]等で示した。改竄のある場合は、本文に改竄前の文字を示し、その左傍にミ印を附し、右傍に改竄後の文字を示した。補入文字のある場合は∩印で補入箇所を示し、右傍に補入文字を記した。

一、原本の誤記・誤寫等により解讀不能の文字には、右傍に（マヽ）を附した。字句の校訂注は〔　〕で示し、その他の注は（　）で示した。

一、原本に花押のある場合は（花押）、案文・影寫・寫本等に花押のある場合は（花押影）と記し、案文・寫本等に「御判」「在判」等と記されている場合はその文字を殘した。

一、『朝鮮王朝實錄』から採錄した史料は、韓國國史編纂委員會刊の影印本を底本とし、一年分の記事をまとめて一箇の文書番號を附し、當該年次の末尾に排列した。年次記載は朝鮮國王の治世紀年により、和暦・西暦を附記した〔例：太祖七年（應永五・一三九八）〕。日の干支を朝鮮暦に從って日附に換算し、傍注した。

一、本巻の編纂にあたり、法政大學大學院生（元在籍者を含む）の築地貴久・花岡康隆・本間志奈・溝川晃司・和氣俊行各氏の協力を得た。

目次

八八五　應永二年七月廿日　今川了俊書下　○有浦文書……一
八八六　應永二年七月廿五日　今川了俊安堵狀寫　○有浦文書……一
八八七　應永貳年閏七月十三日　今川貞臣安堵狀　○中村令三郎氏所藏文書……二
八八八　應永貳年閏七月十三日　今川貞臣安堵狀　○廣瀬正雄氏所藏中村文書……二
八八九　應永二　閏七月廿三日　中村要本領安堵申狀　○中村令三郎氏所藏文書……三
八九〇　應永二年閏七月廿五日　今川貞臣安堵狀寫　○斑島文書寫……四
八九一　おうゑい二ねん十二月十八日　穩阿等連署押書狀案　○青方文書……四
八九二　おうゑい二ねん十二月十八日　鮎河道圓・鮎河昵連署沽却狀案　○青方文書……六
八九三　(年月日闕)　某書狀※　○青方文書……七
八九四　(年月日闕)　某書狀※　○青方文書……七
八九五　(年月日闕)　某書狀※　○青方文書……八
八九六　三月廿一日　泰書狀※　○有浦文書……九
八九七　極月十八日　任等七名連署押書狀※　○有浦文書……九
八九八　おうゑい三ねん正月十七日　青方淨覺讓狀案　○青方文書……一一
八九九　應永三年二月卅日　足利義滿御判御教書案　○廣瀬正雄氏所藏中村文書……一一
九〇〇　應永三年三月十日　室町幕府管領斯波道將副狀　○中村令三郎氏所藏文書……一二

九〇一　應永三年三月十日　室町幕府管領斯波道將副状　○廣瀬正雄氏所藏中村文書……一二
九〇二　應永三年三月十六日　室町幕府管領斯波道將奉書案　○廣瀬正雄氏所藏中村文書……一三
九〇三　おほゐ三年十二月十三日　青方淨覺讓状案　○青方文書……一三
九〇四　應永五年閏四月廿五日　少貳貞頼安堵状　○中村令三郎氏所藏文書……一五
九〇五　應永五年閏四月廿五日　少貳貞頼書下　○廣瀬正雄氏所藏中村文書……一五
九〇六　三月晦日　少貳貞頼書状※　○廣瀬正雄氏所藏中村文書……一六
九〇七　おうゐい五ねん七月六日　穩阿等連署押書状案　○青方文書……一六
九〇八　太祖七年（應永五年）　○朝鮮王朝實錄……一八
九〇九　應永六稔七月八日　鰐口銘　○肥前松浦郡神佛像銘幷鐘銘……一八
九一〇　定宗元年（應永六年）　○朝鮮王朝實錄……一八
九一一　應永七年二月九日　篤等連署押書状案　○青方文書……二〇
九一二　應永七年二月九日　篤等連署押書状案　○青方文書……二二
九一三　（應永七年）二月十日　篤等連署起請文案　○青方文書……二三
九一四　十二月廿一日　篤書状案※　○青方文書……二四
九一五　（年月日闕）　篤書状案※　○青方文書……二五
九一六　おういゐい七ねん六月十三日　青方近押書状案　○青方文書……二六
九一七　おうゐい七年十月十三日　覺阿讓状案　○青方文書……二六
九一八　定宗二年（應永七年）　○朝鮮王朝實錄……二七
九一九　おうゐい八ねん三月四日　眞覺相博状案　○青方文書……二八

九二〇　おうゑい八ねん三月　五　日　眞覺讓狀案　○青方文書……………二八
九二一　おうゑい八ねん三月　七　日　青方近・青方重連署相博狀案　○青方文書……………二九
九二二　太宗 元 年（應永八年）　○朝鮮王朝實錄……………三〇
九二三　應永 九 年 十 一 月　卅　日　船原堅寄進狀寫　○早田文書……………三〇
九二四　太宗 二 年（應永九年）　○朝鮮王朝實錄……………三一
九二五　應永 十 年 十 二 月　日　梵鐘銘　○肥前松浦郡神佛像銘幷鐘銘……三二
九二六　太宗 三 年（應永十年）　○朝鮮王朝實錄……………三二
九二七　太宗 四 年（應永十一年）　○朝鮮王朝實錄……………三三
九二八　應永十二年　正　月 十 六 日　松浦延寄進狀寫　○宛陵寺文書……………三三
九二九　應永 十 二 十 二 月 十 三 日　松浦延寄進狀寫　○宛陵寺文書……………三四
九三〇　太宗 五 年（應永十二年）　○朝鮮王朝實錄……………三四
九三一　永樂四年（應永十三年）正月十六日　○善隣國寶記……………三五
九三二　應永十三年　六　月　一　日　松浦延書下寫　○宛陵寺文書……………三六
九三三　おうゑい十三年十二月廿一日　立石又六沽却狀案　○青方文書……………三七
九三四　太宗 六 年（應永十三年）　○朝鮮王朝實錄……………三八
九三五　應永十二　八　月 十 三 日　松浦延寄進狀寫　○宛陵寺文書……………三九
九三六　應永十二　九　月　八　日　松浦延寄進狀寫　○宛陵寺文書……………三九
九三七　おうゑい十四年十一月廿三日　穩阿讓狀案　○青方文書……………四〇
九三八　太宗 七 年（應永十四年）　○朝鮮王朝實錄……………四一

九三九 太宗 八 年（應永十五年） ○朝鮮王朝實錄……四二
九四〇 おうゑい十六ねん七月廿三日 孫四郎讓狀案 ○青方文書……四三
九四一 太宗 九 年（應永十六年） ○朝鮮王朝實錄……四四
九四二 應永十七年 六 月十四日 下有河重等連署押書狀案 ○青方文書……四五
九四三 太宗 十 年（應永十七年） ○朝鮮王朝實錄……四七
九四四 應永十八年 五 月十六日 五島住人等一揆契諾狀案 ○青方文書……四八
九四五 太宗十一年（應永十八年） ○朝鮮王朝實錄……五〇
九四六 應永十九年 正 月廿九日 下有河重等連署押書狀案 ○青方文書……五〇
九四七 おうゑい十九年七月廿八日 宇久江道機等連署押書狀案 ○青方文書……五二
九四八 太宗十二年（應永十九年） ○朝鮮王朝實錄……五三
九四九 應永 廿 年 五 月 十 日 宇久・有河・青方住人等一揆契諾狀案 ○青方文書……五四
九五〇 應永二十年 五 月 十 日 宇久住人等一揆契諾狀案 ○青方文書……五六
九五一 太宗十三年（應永二十年） ○朝鮮王朝實錄……五九
九五二 おほゑい廿一ねん十月廿一日 中野讚等連署押書狀案 ○青方文書……六〇
九五三 おうゑい廿一ねん十二月十一日 青方浦住人等一揆契諾狀案 ○青方文書……六一
九五四 太宗十五年（應永二十二年） ○朝鮮王朝實錄……六四
九五五 おうゑい廿三ねん二月十七日 青方近・青方進連署讓狀案 ○青方文書……六四
九五六 太宗十六年（應永二十三年） ○朝鮮王朝實錄……六五
九五七 應永廿四年 三 月十一日 藤原重正讓狀寫 ○早田文書……六六

九五八　應永廿二　六月一日　松浦進書下寫　○早田文書……六七
九五九　太宗十七年（應永二十四年）　○朝鮮王朝實錄……六七
九六〇　世宗即位年（應永二十五年）　○朝鮮王朝實錄……六八
九六一　世宗元年（應永二十六年）　○朝鮮王朝實錄……六八
九六二　應永廿七年正月十九日　松浦進寄進狀寫　○早田文書……六八
九六三　四月廿五日　松浦進書狀寫※　○早田文書……六九
九六四　おうゑい廿七ねん九月廿七日　青方進讓狀案　○青方文書……七〇
九六五　おうゑい廿七ねん九月二十七日　青方進置文案　○青方文書……七一
九六六　正月十一日　青方進書狀案※　○青方文書……七三
九六七　世宗二年（應永二十七年）　○朝鮮王朝實錄……七四
九六八　世宗三年（應永二十八年）　○朝鮮王朝實錄……七五
九六九　應永二十九年三月日　正興寺住持職置文寫　○松浦史料博物館所藏小記類一……七六
九七〇　應永廿九年五月十三日　江道機等連署押書狀案　○青方文書……七七
九七一　世宗四年（應永二十九年）　○朝鮮王朝實錄……七九
九七二　世宗五年（應永三十年）　○朝鮮王朝實錄……八〇
九七三　應永卅一年正月十一日　慈光寺住持置文寫　○松浦史料博物館所藏小記類一……八二
九七四　應永卅一年卯月日　松浦進寄進狀寫　○宛陵寺文書……八三
九七五　應永卅一年卯月日　松浦進寄進狀寫　○宛陵寺文書……八四
九七六　世宗六年（應永三十一年）　○朝鮮王朝實錄……八五

九九六	永享六年正月廿三日		○滿濟准后日記	一〇六
九九七	永享六年正月卅日		○滿濟准后日記	一〇七
九九八	永享六年六月十七日		○滿濟准后日記	一〇七
九九九	世宗十六年（永享六年）		○朝鮮王朝實錄	一〇八
一〇〇〇	世宗十七年（永享七年）		○朝鮮王朝實錄	一〇九
一〇〇一	（永享八年ヵ）八月九日	室町幕府管領細川持之奉書案	○足利將軍御內書幷奉書留	一一〇
一〇〇二	九月廿三日	室町幕府管領細川持之奉書案※	○足利將軍御內書幷奉書留	一一〇
一〇〇三	永享八年十二月廿九日	下松浦住人等一揆契諾狀	○來島文書	一一一
一〇〇四	世宗十八年（永享八年）		○朝鮮王朝實錄	一一二
一〇〇五	ゑいきやう九年三月八日	山口彌三郎等連署讓狀案	○青方文書	一一二
一〇〇六	世宗十九年（永享九年）		○朝鮮王朝實錄	一一三
一〇〇七	永享十ねん正月十九日	松浦清寄進狀寫	○早田文書	一一四
一〇〇八	世宗二十年（永享十年）		○朝鮮王朝實錄	一一五
一〇〇九	世宗二十一年（永享十一年）		○朝鮮王朝實錄	一一七
一〇一〇	永享十二年二月十一日	固等連署押書狀案	○青方文書	一一九
一〇一一	世宗二十二年（永享十二年）		○朝鮮王朝實錄	一二〇
一〇一二	嘉吉貳年九月五日	松浦盛寄進狀寫	○早田文書	一二〇
一〇一三	嘉吉貳年九月五日	松浦盛寄進狀寫	○早田文書	一二一
一〇一四	十二月廿七日	松浦盛書狀寫※	○早田文書	一二一

目 次

二七　正和元年九月　日　津吉榮範申狀　○大河內文書……二二〇
二八　正和二年十一月廿八日　鎮西探題御教書　○大河內文書……二二一
二九　正和二年十一月　日　津吉榮範重申狀　○大河內文書……二二一
三〇　正和四年三月廿七日　鎮西探題裁許狀　○尊經閣文庫所藏東福寺文書……二二二
三一　文保元年十二月廿一日　將軍家政所下文　○藤野文書……二二三
三二　（年月日闕）　鎮西引付記※　○舊典類聚十三……二二四
三三　文保二年十二月九日　鎮西探題裁許狀案　○實相院文書……二二五
三四　文保二年十二月九日　鎮西探題裁許狀案　○實相院文書……二二六
三五　文保二年十二月十六日　鎮西探題裁許狀案　○實相院文書……二二六
三六　元應二年八月六日　鎮西探題裁許狀案　○大川文書……二二七
三七　元亨二年十一月廿日　鎮西探題裁許狀案　○實相院文書……二二八
三八　元亨二年十一月廿日　鎮西探題裁許狀案　○實相院文書……二二八
三九　元亨三年六月廿五日　鎮西探題裁許狀　○田中繁三氏所藏文書……二二九
四〇　元亨四年九月　日　矢木昌房申狀　○大河內文書……二三〇
四一　（年月日闕）　彼杵莊文書目錄※　○正慶亂離志（博多日記）裏文書……二三一
四二　元德貳季十二月四日　成行・宗季連署書下　○大河內文書……二三七
四三　元德四年正月　日　河上社雜掌家邦重陳狀寫　○河上宮古文書寫……二三七
四四　正慶二年　○正慶亂離志（博多日記）……二三九
四五　建武貳年三月四日　値賀穩等連署和與狀　○河上神社文書……二四一

四六 （箱根・竹下合戰事） ○太平記……二四三
四七 ○梅松論……二四四
四八 （春宮還御事付一宮御息所事） ○太平記……二四五
四九 建武二 三月十日 正安寺梟鐘銘 ○肥前松浦郡神佛像銘幷鐘銘……二五一
五〇 （世良親王八代へ御下向所々軍の事） ○北肥戰誌……二五二
五一 曆應元年四月七日 石垣山合戰松浦黨討死・分捕・手負注文寫△ ○佐賀縣唐津市相知町圖書館所藏文書……二五四
五二 （先帝崩御事） ○太平記……二六五
五三 （年月日闕） 某書狀案断簡※ ○中村令三郎氏所藏文書……二六七
五四 ○種子島家譜一……二六八
五五 貞和三年二月六日 滋野長經打渡狀 ○高城寺文書……二六九
五六 正平二年十一月日 近藤定秀書狀寫△ ○五嶋境目舊記……二七〇
五七 正平二年拾貳月日 近藤定秀書狀寫△ ○五嶋境目舊記……二七三
五八 正平二年拾貳月日 近藤定秀書狀寫△ ○五嶋境目舊記……二七四
五九 （貞和五年）九月廿八日 高橋英光副狀寫 ○阿蘇家文書……二七六
六〇 （貞和五年）十月廿六日 兵庫允惟定書狀 ○阿蘇家文書……二七六
六一 觀應元年十月十七日 ○園太曆……二七七
六二 觀應三年二月日 安樂寺領注進狀寫 ○太宰府天滿宮文書……二七七
六三 觀應三年後二月十一日 足利直冬充行狀 ○九州大學文學部所藏草野文書……二八三
六四 （正平九年ヵ）六月廿二日 某書狀案 ○青方文書……二八四

六五　文和四年二月廿五日　島津忠兼等連署一揆契諾状　○文化廳所藏島津文書……二八六
六六　卯月九日　草野秀永書状寫※　○妙音寺文書……二九〇
六七　(康安二年)八月十三日　大友氏時書状寫　○阿蘇家文書……二九〇
六八　貞治貳年卯月十日　島津道鑑譲状案　○島津家文書……二九一
六九　正平廿三年六月八日　後藤基藤請文案　○東京大學史料編纂所所藏橘中村文書……二九三
七〇　建徳二年八月四日　大聖院觀世音像胎内銘　○佐賀縣唐津市西寺町大聖院所藏……二九四
七一　(年月日闕)　大河内村相傳系圖※　○大河内文書……二九五
七二　(年月日闕)　大河内村相傳系圖※　○大河内文書……二九五
七三　○道ゆきふり……二九六
七四　○後藤家事蹟……三〇〇
七五　慶安五年三月日　橘薩摩公與軍忠状　○東京大學史料編纂所所藏橘中村文書……三〇一
七六　永和四年二月廿五日　今川了俊書下　○宗像神社文書……三〇二
七七　至徳元年六月八日　今川了俊書下　○宗像神社文書……三〇二
七八　至徳二年五月六日　今川了俊書下　○宗像神社文書……三〇三
七九　大般若波羅蜜多經奥書　○新潟縣新穗村潟上牛尾神社所藏……三〇三
八〇　明徳三年十二月十五日　今川了俊書下　○宗像神社文書……三〇五
八一　明徳二年正月五日　松浦定預ケ状寫　○松浦文書類四所收今福文書……三〇六
八二　明徳四年四月廿二日　今川貞臣書下　○宗像神社文書……三〇六
八三　(年月日闕)　小城西郷大田莊栖原村相傳系圖※　○大河内文書……三〇七

松浦黨關係史料集　第四

八八五　今川了俊書下

今川了俊、松浦波多一跡ニ就キ佐志授ニ糺明ヲ約ス

○有浦文書

松浦波多一跡事、□□未定處、爲□□(籌策カ)左京大夫(今川貞臣)先令成敗云々、無引付落居者、不可有是非上者、重可有糺明、就中、可依忠否之淺深上者、可相待之□(狀)如件、

應永二年七月廿日　　沙彌(今川貞世・了俊)(花押)

松浦佐志与(授カ)三殿

八八六　今川了俊安堵狀寫

今川了俊、佐志寺田勇ノ當知行分ヲ安堵セシム

○有浦文書

肥前國松浦郡內當知行分有浦・赤木村・斑嶋・筑前國早良郡內々野竝七帳(限カ)・大野原・壹岐國黑主(マヽ)等事、任文書相傳旨、可令安堵之狀、依仰執達如件、

應永二年七月廿五日　　沙彌（今川貞世・了俊）（花押影）

佐志（勇）寺田殿

八八七　今川貞臣安堵狀

○中村令三郎氏所藏文書

今川貞臣、中村互ニ筑前國怡土莊友永方六郎丸名地頭職・壹岐國小牧村地頭職ヲ安堵ス

「令存知了、（花押）（今川貞世・了俊）」

筑前國怡土（怡土郡）庄友永方六郎丸名地頭職幷壹岐國小牧（石田郡）村地頭職事、任相傳文書之旨、知行不可有相違之狀如件、

應永貳年潤（閏）七月十三日　　左京大夫（今川貞臣）（花押）

○切斷ニヨリ充所缺クモ中村源三郎互ナラン、

八八八　今川貞臣安堵狀

○廣瀬正雄氏所藏中村文書

今川貞臣、中村要ニ怡土莊内地頭職ヲ安堵ス

「令存知了、（花押）（今川貞世・了俊）」

筑前國怡土（怡土郡）庄恆吉名地頭職・同國同庄末弘名地頭職事、任相傳文書之旨、知行不可有相違

之状如件、

應永貳年閏(閏)七月十三日　　左京大夫(今川貞臣)(花押)

松浦中村次(要)郎左衞門尉殿

八八九　中村要本領安堵申状(折紙)

○中村令三郎氏所藏文書

「一見了、不可有相違、

(今川貞世・了俊)(花押)」

今川了俊、中村要ノ本領ヲ安堵ス

筑前松浦中村次(要)郎左衞門尉申本領安堵事、

怡土莊恆吉名

一所　(筑前國怡土郡)怡土庄恆吉名

同末弘名

一所　同庄末弘名

望申闕所事、

一所　彌永左近將監跡

一所　德永又次郎跡

一所　古澤修理亮跡

金丸勳功

「一所（折返）　北崎森入道跡

一所　法音寺左衞門三郎跡

已上、

應永二
潤（閏）七月廿三日」

八九〇　今川貞臣安堵狀寫

○斑島文書寫

今川貞臣、松浦波多一跡ヲ寺田勇ニ安堵ス

肥前國松浦郡波多一跡事、任相傳文書之旨、知行不可有相違之狀如件、

應永二年潤（閏）七月廿五日　　左京大夫（今川貞臣）（花押影）

有浦女地頭代

有浦女（千代壽）地頭代
寺田阿波守（勇）殿

八九一　穩阿等連署押書狀案

○青方文書

浦中ノ人々寄合ヒ裁ク

たかつく（青方高繼）のさかい（堺深）のひやうへ四らうとのに、あミいちてうところおきらハすひかれ候へ

青方氏ト鮎河氏ト所務ノ煩生ズ
網代ヲ二度ニ分ケ四十八貫文ニテ青方氏ニ賣ラシム
鮎河氏ノ子孫トシテ違亂煩ナスベカラズ

中野氏
立石氏

と、さり申されて候ところに、あお方とのとあゆかわとのと、そむのわつらいになり候ほとに、うらのうちの人す(數)よりあい申候て、さはく(左博)つかまつり候て、りつすゆ(立錐)ものこさす、ゐいたいおかきて、にとに四十八くわんもんにうらせ申候いおハん、

一、あゆかわとのゝしそんとして、いさゝかいらんわつらい申され候ましく候、もしいらんわつらい申され候ハんときハ、このしやうおもて、しゝそん〳〵にいたるまて、御ちきやう候へく候、よてこうせうのために、さはくしやうくたんのことし、

おうゐい二ねん十二月十八日

おん(穩)阿(花押影)
ほむる(中野讃)(花押影)
いさむ(立石勇)(花押影)
たうかく(道覺)(花押影)
そんかく(存覺)(花押影)
れう(了)阿(花押影)

八九二　鮎河道圓・鮎河昵連署沽却狀案　○青方文書

鮎河氏、青方氏ニ網代ヲ四十八貫文ニテ沽却ス
宇久有河一族
赤濱ノ網代波解崎ノ先ノ網代祝言ノ前倉ノ網代ヲ先日二十三貫文ニテ賣渡ス
殘分モ所務ノ煩ニナルニヨリ浦中ノ裁トシテ二十五貫文ニテ賣渡ス
道圓ノ子孫網代ニ違亂煩アルベカラズ

おうち（叔父）にて候ゐんたうのたかつく（青方高繼）よりかいとり申候ところに、たかつくのりやうないにゐんたうのあミいちてう、ところおきらハすひき申へく候ところお、たうゐん（鮎河道圓）さうそくつかまつりて候お、そむのわつらいになり申候ほとに、うく・ありかわの御一そくの御さはくとして、あか（ハ）まの三はんのあしろ、はけさきのさきのあしろ、しうけのさいくらのあしろ、せん日二十三くわんニうりわたし申候ぬ、又のこるふんも、これもそむのわつらいになり申候ほとに、うらのうちのさはくとして、二十五くわんにうりわたし申候、一、にとに四十八くわんにうりわたし申候事しちなり、あを方とのゝしゝそん〳〵にいたり申候まて、ゐいたいおかきて御ち（き）やうあるへく候、たうゐんかしそんとして、このあしろにいらんわつらい申ましく候、よてこうせうのためにうりけんのしやうくたんのことし、

おうゐい二ねん十二月十八日

むつふ（鮎河昵）（花押影）

しやミたうゐん（花押影）

被官鮎河氏方へ逗留ス

八九三　某書状※

○青方文書

文ねん比に見まいらせ候、そのはう何こと候ハす候よし、うけ給候、此はうもとうせん何
ことなふこそ御いり候へ、つきにその方ひくわん、あいかハ□(とカ)のはうへとうりうのよし候、
をの〳〵と候て、何たるしさいとも御申候哉、とか□□□(くこゝカ)ろへす候、たゝいまそのはうよ
りの御ふミにてこそ、こゝろへまいらせ候へ、かならす〳〵さやうなるきなと候ハヽ、か
さねてくハしく申まいらせ候へく候、まつ〳〵大かた申まいらせ候〳〵、

（後缺）

八九四　某書状※

○青方文書

鮎河民部左衛門

大くま氏

文こま〳〵とみまいらせ候、まつ〳〵鮎河民刀さへもん事、いまにしか〳〵けさむ(見参)なく候、
しかれともおの〳〵とうしん(同心)に申さるゝ事あるけに候あひた、よく〳〵おほせあわせらる
へく候、大くまとのいりあひ候て、わか身の事よきやうにたんかう(談合)申候へく候、めて候、
御

（後缺）

八九五　某書状※

○靑方文書

□（なほヵ）〳〵あゆかわとの御事
御いそき□（候）ハ、めてたかるへく候、

鮎河氏

かしこまて申入候、さてハ御てんのしき、いま候てハめつらしき事候ハす候、此十四日か
たき（敵）いたや□こせい二百のふし二三□人斗いて候、むきかりとり候て、□ゐ□て候、こ

野伏麥ヲ刈取ル

のむきハ御方よりかるへきよしきこゐ候て、かりて候、ちん（陣）中の御せい（勢）五六百き候、御せ

白魚氏

いかさね〳〵御まし□、又しろ魚殿御事、あゆかわ殿をまちさせ給ひ候へく候□
□殿ひちうと□

（後缺）

八九六　泰書状※

○有浦文書

佐志大方

重人ノ口入

御自訴之事、随分致故實候處ニ、佐志大方之様之御意之趣、菟角被仰候、大綱此事候、雖然究淵底致侘事候之間、於于今者重人可有御口入候由、蒙仰候間、悦喜至極候、定而可有御祝著候歟、猶々今度番丁寧之御意候之間、難默止候て、數个度致了簡候畢、御察之前候哉、諸事期面展之時候、恐々謹言、

三月廿一日　泰（花押）

浦里氏　浦里殿

寺田氏　寺田殿

有浦氏　有浦殿

（墨引）

八九七　任等七名連署押書状※

○有浦文書

（前缺）

理非ヲ極メ落居申スベシ所務以前ニ申談ズベシ

さたとして、りひをきわめ申候て、らきよ申へく候、かつハ御つかいにて御さ候あひた、きうしニまかせて、まつ御さん候へく候、御歸國の時、そむいせんニ申たんすへく候よし、一同候、あなかしく、

極月十八日

□(花押)
照(花押)
有(花押)
種千(花押)
匡(花押)
相(花押)
常阿(花押)
任

鹽津留殿

鹽津留氏

八九八　青方浄覺譲状案

○青方文書

青方浄覺、鰹網ヲ松田氏ニ譲ル

鯆網ヲ惣領ニ返スベシ

鰹網・烏賊網モ惣領ニ返スベシ

あゆかわとの(鮎河道圓)ゝあミおゐいたいお□□□(かきりかヵ)いとり申て候お、かつおあミ一てうハ、まつたにゐいたいおかきりゆつり候あいた、

一、せん日かますあミ三人まゐしいたし候て、□□(とくヵ)ふんとるへしとゆつりて候へとも、そう(青方固)り□□(やうヵ)にかゐすへし、

一、かつおあミのいかあミ一てうハ、つかいとくふんゆつりて候へとも、これもそ□(うヵ)りやうにかゐすへし、

よてのちのためにゆつりしやうくたん之ことし、

おうゐい三ねん正月十七日

しやミしやうかく(青方重・浄覺)(花押影)

八九九　足利義滿御判御教書案

○廣瀬正雄氏所蔵中村文書

足利義滿、今川了俊ニ従ヒ上洛セル九州輩ノ本領・新恩地ヲ澁川滿頼ニ安堵セシム

(裏花押)

屬今河伊与入道(貞世)了俊上洛九州輩本領・新恩地事、就令注進在所之名字、可成下安堵之状如

件、

應永三年二月卅日　御判（足利義滿）

右兵衞佐殿（澁川滿賴）

九〇〇　室町幕府管領斯波道將副狀　○中村令三郎氏所藏文書

斯波道將、中村要ニ御判御教書ノ發給ヲ告グ

九州內本知行地事、就注進在所之名字、可被成下安堵之旨、被成御判御教書案文相副之、於探題（澁川滿賴）畢、可存知之由、所被仰下也、仍執達如件、

應永三年三月十日　沙彌（斯波義將・道將）（花押）

松浦中村越前守殿（要）

九〇一　室町幕府管領斯波道將副狀　○廣瀬正雄氏所藏中村文書

斯波道將、某ニ御判御教書ノ發給ヲ告グ

九州內本知行地事、就注進在所之名字、可被成下安堵之旨、被成御判御教書案文相副之、於探題（澁川滿賴）畢、可存知之由、所被仰下也、仍執達如件、

應永三年三月十日　　　　　　　　　沙彌（斯波義將・道將）（花押）

○充所闕ク、

九〇二　室町幕府管領斯波道將奉書案　　○廣瀬正雄氏所藏中村文書

幕府、今川了俊ニ従ヒ參洛セル九州地頭御家人ノ本領・新恩地ノ沙汰付ヲ澁川滿頼ニ命ズ

屬今河伊与入道了俊（貞世）參洛九州地頭御家人著到相副之、本領・新恩事、於證分明之地者、（裏花押）不日可被
沙汰付之由、所被仰下也、仍執達如件、

應永三年三月十六日　　　　　　沙彌（斯波義將・道將）御判

右兵衞佐（澁川滿頼）殿

九〇三　青方淨覺讓狀案　　○青方文書

青方淨覺、西浦部青方地頭職ヲ又千代丸ニ讓ル

奈摩尻ノ畠

□□□□□□（ひせんのくにカ）こたうにしうら（松浦郡）へ□□□□（あをかたカ）のちとうしきハ、しやうかく（青方重・淨覺）かちうた□□□（いさうカ）て
んのしりやうなり、しかるあひた[ ]ひこ又ちよ丸ニゆつりあたうとこ□□□（ろなりカ）、三郎
ひやうゐかなましりのはたけ[ ]けになさんかきりハ、やまをもき[ ]なすへし、

薑畠

淨覺作ノ佛田水ノ及バン限リ開クベシ

祝言島ニ一年ニ駒一疋放ツベシ

惣領ノ牛馬放サン牧ニ牛馬ヲ放ツベシ

屋材木・山野海邊ノ漁惣領制スベカラズ

津泊制スベカラズ

公ノ軍忠ノ時惣領ニ合力スベシ

おなしきしんかく(尋覺)かいまの□りのはたけ、めいあミたふ三郎ひやう□にふミ
とめて、きたハかわちの□、にしハたらう四郎かひらきのつくりあ□のまゝ、はし
かミはたけのよこ□まゝ、四郎たらうかつゝミつきたのか□らをふミまわして、
やまきハに□、ミなミハかわちくたりいやへいし□ひらきをこめて、いや
しきくたり□□(ちきカ)やうすへし、やしきの□(そカ)いの三郎□□□ひらきをこめて、このう(のほり)ミ
つのをよは□(んカ)かきりひらくへし、

一、しやうかくかつくりのほとけた、おなし□又三郎かひらき、ミつのをよはん□□□(かきりカ)ひ
らくへし、おなしきうこんのせう□ひらきをもちきやうすへし、

一、た□にかまいたらんときちきやう□□□(すへしカ)、

一、しうけに一ねんニこま一ひきはなつへし、そうりやう(青方固)のきうはをはなさんまき□(にカ)きうは
をもはなつへし、

一、やさいもく・□(さカ)んやかいへんのすな□□□(とりそうカ)りやうせいすへからす、

一、ふねもちたらんときつ□(とカ)まりせいす□(へカ)からす、

一、おくのたにやまのてんち五たん□すへし、

一、おうやけくんちうのときそうりやう□ひやくかうりよくすへし、そ□□(うカ)にしうらへの御

又千代丸子孫ナクバ惣領ニ返スベシ
益藤丸子孫ナクバ又千代丸ニ返スベシ

くうしのとき□ひやくのかハりのけつ〳〵（結解）をしてより□、又ちよ丸しそんなくハ、
そうりやうにかゑ□□□（すへしカ）、ますとう丸□□（しそ）んなくハ、又ちよ丸□□□（にかゑカ）すへし、よてこに
ちのため□□□（ゆつりカ）しやうくたんのことし、

おほゑ三ねん十二月十三日　しやミし（青方重、浄覺）□□□□（やうかくカ）

九〇四　少貳貞頼安堵状

○中村令三郎氏所藏文書

少貳貞頼、中村要ニ怡土・志摩兩郡ノ本知行分地ヲ安堵ス

筑前國怡土・志摩兩郡事、軍役已下如先規被致忠節上者、本知行分地等事、任支證領掌不
可有相違、但此内於有子細者、追可有其沙汰之狀如件、

應永五年潤（閏）四月廿五日　貞頼（少貳）（花押）

松浦中村越（要）前守殿

九〇五　少貳貞頼書下

○廣瀬正雄氏所藏中村文書

少貳貞頼、某ニ本知行分壹岐島小牧以下ヲ安堵ス

筑前國怡土・志摩兩郡事、軍役以下如先規被致忠節上者、本知行分壹岐（石田郡）小牧以下事、任支

證領掌不可有相違、但此内於有子細者、追可有其沙汰之狀如件、

應永五年潤(閏)四月廿五日　　貞賴(少貳)(花押)

○充所缺ク、

九〇六　少貳貞賴書狀※

○廣瀬正雄氏所藏中村文書

少貳貞賴、篠原・中村ノ輩ノ參陣ヲ促ス御分一家

今度參陣之條悅入候、隨而篠原・中村之者共等、適々御分一家之事候上、又先忠之仁之儀、不便次第候、參候者可加扶持候、内々其旨可被存知候、恐々謹言、

三月晦日　　貞賴(少貳)(花押)

恆光備中入道殿

恆光氏

九〇七　穩阿等連署押書狀案

○青方文書

有河・青方浦中、寄合ヒ青方氏ト鮎河氏トノ小網ノ相論ヲ裁ク

せん日あをかたとの(青方固カ)・あゆかわとの(鮎河昵カ)こあミの御ろん候ほとに、ありかわ・われらかうらのうちよりあい申候て、さはく(左　博)申候ところに、うきうおの御ろん候あいた、しよせんさ

浮魚ノ漁場ヲ分ツ

かいおさし申候、あをかたとの〻御方ハ、こきてさきのうちおうきうお〻御ひき候へく候、

番立網代

一、ほかのはんたてのあしろの事ハ、せん日のはんたてのま〻御ひきあるへく候、するかすゑまて御ろんあるましく候、よて御(後)日のためニあつしよしやうくたんのことし、

おうゑい五ねん七月六日

おん阿(穏)(花押影)
しらる(知)(花押影)
いさむ(立石勇)(花押影)
りやうゑん(了圓)(花押影)
たうかく(道覺)
そんかく(存覺)
ほむる(中野讃)
さたむ(定)
かく阿(覺)
れう(了)　阿(花押影)

立石氏

番立網代ハ魚居レバ日替ニ引クベシ魚見エザレバ二日オキニ引クベシ

一、はんたての事ハ、うお候ハヽ、ひかわしに御ひき候へく候、又うおミゑす候ハヽ、二日はさなに御ひきへく候、

中野氏

九〇八

駿河守源慶ノ使人至ル

〔七月庚子(二十七日)〕日本肥前州駿州太守源慶、使人獻禮物、

○朝鮮王朝實錄　太祖七年（應永五・一三九八）

九〇九　鰐口銘

宇久島西蓮寺

小値賀島長壽寺ヨリ西蓮寺ニ移ル

源長

○肥前松浦郡神佛像銘幷鐘銘

富江領
宇久嶋神之浦西蓮寺鰐口銘(肥前國松浦郡)

肥前州小値賀嶋(松浦郡)

長壽寺

藥師如來

應永六稔七月八日源長敬白、

九一〇

通信官朴惇之、足利義滿ノ使

○朝鮮王朝實錄　定宗元年（應永六・一三九九）

〔五月乙酉(十六日)〕通信官朴惇之回自日本、日本國大將軍(足利義滿)遣使來獻方物、發還被虜男女百餘人、

ヲ伴ヒ日本ヨリ還ル

上御正殿引見、命立四品班次行禮、大相國（足利義満）獻綾一百匹・紗羅各五十匹、大内殿義弘獻鎧子一・長劍一、大相國母（紀良子）獻刻木地藏堂主千佛圍繞一座、極精巧、絹十匹・胡椒十封、初三島倭寇爲我國患幾五十年矣、歳戊寅（太祖七年）、太上王（太祖）命惇之使于日本、惇之受命至日本、與大將軍言

惇之、義滿ニ三島倭寇ノ討伐ヲ需ム

曰、吾王命臣曰、我中外軍官・士卒毎請云、陸置鎭戍、海備戰艦、今我輩、寄命矢石之間、憔悴勞苦至於此極者、以三島倭寇之致然、臣等願、大擧以討三島、則寇賊無遺類、而我國家無復患矣、寡人以軍官・士卒之望、欲興師討罪、然大將軍久掌兵權、素有威望、在乎三島之境、不敢潛師入境、故先遣臣、告于左右、且大將軍、以兵甲之精・號令之嚴、豈不能制三島之賊以雪鄰國之耻、惟大將軍以爲如何、大將軍欣然聞命曰、我能制之、卽遣兵討之、

義滿、大内義弘ニ討伐ヲ命ズ

與賊戰六月未克、大將軍令大内殿（義弘）加兵進攻之、賊棄兵擲甲、擧衆出降、

〔七月戊寅（十日）〕日本左京大夫六州牧義弘（大内）、伐九州克之、遣使來獻方物、且言其功、上欲賜義

大内義弘、百濟王ノ後裔ナルヲ以テ土田ヲ請フ

弘土田、以簽書中樞院事權近及諫官之議乃止、義弘請云、我是百濟之後也、日本國人不知吾之世系與吾姓氏、請具書賜之、又請百濟土田、下都評議使司、考其家世、世遠無徵、假以百濟始祖溫祚高氏之後、議給土田三百結、○中略 事下戶曹給田司曰、日本國六州牧左京

義弘、三島倭寇ヲ討伐ス

大夫義弘、本百濟始祖溫祚王高氏之後、其先避難徙於日本、世世相承、至于六州牧、尤爲

貴顯、比年以來、對馬等三島頑民、召聚兇徒、侵擾我疆、虜掠人民、以阻鄰好、頃者大相國以義發兵、身自督戰、殄殲其衆、而邊境人民得以寧靖、使生民除害而兩國修好、予嘉乃功曰、篤不忘思、有以報之、惟爾戶曹給田司、其考先祖之田之在完山者、依舊折給以爲采地、用旌殊勳、給田司奉王旨、移文於全羅道觀察使、令蹈驗成籍以充永業、使司言於義弘使僧以給田之事、僧答曰、若明示世系、則休給亦得、門下府郎舍等又上言、日本國六州牧義弘、不當封采地、具疏以聞、未蒙進止、敢以狂瞽之言、再瀆天聰、易曰、君子以作事謀始、大抵交結於人、必謀其始、始而不謀、悔吝隨至矣、今以義弘討賊之功、特稱百濟之後、錫之土田、切恐、後世爭亂之端、兆於此矣、伏惟、一依前日所啓、謹之於始、爲萬世計、若以臣等爲迂遠而昧於治體、不賜俞音、則雖悔於終、噬臍無及矣、校書監丞金時用亦上言、以不宜賜姓氏之籍及土田之意、

門下府土田ノ給與ヲ諫止ス

九一一　篤等連署押書狀案

○青方文書

篤等寄合ヒ網ノ相論ヲ裁ク當座ノ相論ヲ停止セン

かますあミ・一反あミ・こあミの事ニ付て、ま□□〔すたカ〕とのと御ろんなんきにおよひ候間、まつたうさの御ろんをやめ候ハんために、この人す〔數〕よりあい申候て、もんしよのりひをもさ

文書ノ理非ヲ閣ク

鮪網・一反網・小網百姓網

益田氏ノ下人共、非分ノ嗷議ヲナシ得分ニ付テ妨アル時ハ、寄合ヒテ煩ニナラヌヤウ計フベシ

一村ハ兄弟ニ同ジ

しおき候て、一ミ□はからい申候間、さためてミのれうけんもちかふへく候へとも、しきよくをそんせす、條々申いわれさおい(相違)なく御返事にあつかり候、まことにもてしかるへく悦存候、隨而かますあミふたりまへ・一反あミふたりまへ・こあミふたりまへの事、ひやくしやうあミにへちきのミちをもて申うけ候て、ますたとのに付申候、しかりといへとも、ますたとのあミにいられ候ハんしもへとも、ひふんのかうきなとをしいたし、とくふんに付てさまたけある事候ハヽ、いくたひもこの人すにうけ給候て、御わつらいにならぬやうにはからい申へし、尚々一むらと申ことにハ、御きやうたいの御事に候間、もんしよのりひをさしおき候て、へちきの所まう申候まゝ、御いさをいなく候條、返々この衆中におきて悦喜申候、仍爲後押書状如件、

應永七年二月九日 孔子次第

篤(花押影)

中野氏

讃(中野)(花押影)

鮎河氏

昵(鮎河)(花押影)

道覺(花押影)

三ヶ崎氏

覺源(三ヶ崎)(花押影)

存覺(花押影)

青方(固カ)殿

宇久江氏

禪源（宇久江傳）（花押影）
穩阿（花押影）
成重（花押影）

九一二　篤等連署押書狀案　○青方文書

篤等寄合ヒ江袋師網代ノ曳方ヲ定ム

浦・二ツ河原網代ハ一年交代ニ曳クベシ

此ふたつのあしろの事ハ、まいねんうらかゐ〳〵御ひき候へし、篤（花押影）
ゐふくろかますあしろの事、一所浦、一所ふたつかわら、此りやうあしろの事、まいねん事むつかしく候間、すゐまてわつらひあるましく候ハんために、一ねんかわしに、うら・ふたつかわらのあしろを一つゝ、いつまても御ひき候ハんに、わつらいあるましく候ために、りやうはうにあつしよをしたゝめしんし候、たゝしたきのしたハうらのあしろにくわゐ候也、よて爲後あつしよのしやう如件、

應永七年二月九日

篤（花押影）

鮎河氏

昵（鮎河）（花押影）

三ヶ崎氏

覺源（三ヶ崎）（花押影）

穏阿（花押影）
（宇久江傳）禪源（花押影）
成重（花押影）

青方（固カ）殿

宇久江氏

九一三　篤等連署起請文案

○青方文書

篤等青方氏ニ僻事ヲ存ゼザル旨起請文ヲ出ス

鰤網

小網・夏網

志自岐大菩薩

三日山王

□あミ□御公事に付て、條々申入候、□□いなく御意にあつかり候、一同恐悦存候、但かますあミの事、このほに（か脱カ）うけ給候、これハいさゝ（か脱カ）御ひか事とハそんせす候へとも、へちたんのしよまうを此人す（數）一とうに申入候、これをもこあミ・なつあミのなミにうけ給候ハヽ、ことに〳〵よろこひ入存候、たゝし此御公事いさゝか御ひか事そんするしさい、一しもそんせす候、ことはに申候へハ、御意もいかゝとそんし候あひた、一とうにせいもんをもて申候、すへて〳〵御ひか事もそんせす候、もし此條いつハり申候ハヽ、八幡大ほさつ・しゝき大ほさつ・ミか山王の御罸を、おの〳〵まかりかふるへく候、恐々謹言、

（應永七年）
二月十日

篤（花押影）
（中野）
讃（花押影）
「（以下裏書）
（鮎河）
昵（花押影）
道覺（花押影）
（三ヶ崎）
覺源（花押影）
存覺（花押影）
（宇久江傳）
禪源（花押影）
穩阿（花押影）
成重（花押影）
」

中野氏
鮎河氏
三ヶ崎氏
宇久江氏

（青）（固ヵ）
□方殿御内まいる

九一四　篤書狀案※

○青方文書

御したしきなかにもめされ候ハヽ、さう（左右）おうけ給候て、よそにハ申ましく候、又これらのしきおも、おそれなから四郎（那摩）ひやうゑとのニ御たんかう候ハヽ、畏入候、なを〳〵二くさ

那摩四郎兵衛ニ談合アルベシ

日島
領内ノ寛ギ

なからはなし候へく候、とれも御いにより候て、めされ候へく候、又ひのしまにいほ（魚）たちて候へハ、御りやうないのくつろきさつし申候て、めてたくそんし候、くハしくハ御めにかゝり申候へく候、恐々謹言、
十二月廿一日　篤（花押影）
青方（固カ）殿
御内まいる
しんゑもん

○青方文書

九一五　篤書状案※

（端裏書）
「（墨引）　しんゑもん
（青方）
□□殿　御内まいる　篤　」
わさと申入候、さてハこのほと久しく御めにハかゝり申さす候、むねんきハまりなく候、□くりたひ〳〵事ニより候て、めん〳〵御とも申、へちのしさいなくまかりくたり候、めてたくそんし入候、

那摩四郎兵衛ト商ヒスル謂ハレヲ申ス

一、なま(那摩)の四郎ひやうゑとのとあきないの申いわれハ、まい御そんちのことくニ、われ〳〵もかなハぬしきにて候、いかに申候事のかたなそねのまきも候、むま(馬)ミなはなし候へく候、さき□うけ給候事候ほとに申入候、もし

(後缺)

九一六　青方近押書狀案

○青方文書

荒野ヲ見作ニナシタル時相博スベキ由申定ム

かうちのいまのやしきに、くさつみのくハうやおけんさくに御なし候とき、さうはく申候へきよし申さため候あいた、いさゝかいろん申ましく候、よてのちのためにあつし(押書)よしやうくたんのことし、

おういゑい七ねん六月十三日　　近(青方)(花押影)

九一七　覺阿讓狀案

○青方文書

(前缺)

覺阿、所領所職ヲ孫四郎ニ譲ル

山野・木場・林・船作・屋材木・山野漁・海上漁ヲ知行スベシ

□□□□(なゝカ)つゐた、おなしきからむかへのすけむたのほりいてくちわ(堀出口)、ほんもんしよのまゝ、みつのおよはんかきり、まこしらうちきやうすへし、はまくまのとい三ふんいちちきやうすへし、ひやくしやうつかハん事も、ほんもんしよのまゝつかうへし、いりあみ三ふんいちちきやうすへし、

一、さんや・こは・はやし・ふねつくらん事・やさいもく・さんやのそなとり・かいしやうのそなとり、せいのかきりなくちきやうすへし、そうなに事もほんせうもんのまゝちきやうすく(へ脱カ)候、よてのちのためにゆつりしやう如件、

おうゐい七年かのへたつ

十月十三日

しやミかく(覺)阿(花押影)

九一八

駿河守源定ノ使人至リ被虜ヲ還ス

〔八月是月〕日本駿州太守源定、使人獻馬二匹、發還被擄人、博多城承天禪寺住持誾公、使人獻禮物求藏經、又慈雲禪院住持天眞、使人亦獻禮物、發回被擄人口、

○朝鮮王朝實錄　定宗二年(應永七・一四〇〇)

九一九　眞覺相博狀案　○青方文書

眞覺、田地ヲ相博ス

境

山内屋敷ヲ加ヘ相博ス

かわちのやしきにさうはく申候てん申(ち)の事、くさつミのしやうかく(青方重・淨覺)のつくり、たのかしらのさこのほり、くさつミにむけて、このさこうちハたになるへきかきりハ、□□いさうはく申候、さかいハ、にし・ミなみハいまのひらきつめのきしのまゝ、

一、しやうかくよりによしやうにて候物のゐいたいゆつり給候やまうちのやし(き)をもくわゐ申候て、ゐいたいさうはく申候、よてこ日のためにさうはくしやうくたんのことし、

おうゐい八ねん三月四日　　しんかく(眞覺カ)(花押影)

ミのとの

二郎四らう(青方近)とのへ

九二〇　眞覺讓狀案　○青方文書

眞覺、屋敷田地ヲ青方進ニ讓ル

さうはく申候やしき・てんちハ、しんかく(眞覺)かはからいたるあいた、又かめ(青方進)にゐいたいゆつ

男子ナクバ弟ニ譲ルベシ
男子弟共ニナクバ女子ニ譲リ浦中ノ人ヲ婿ニナスベシ
他所ノ人ナリトモ青方ニ居レバ婿ニナスベシ
男子弟女子共ニナクバ青方進一期ノ後青方與一知行スベシ
青方與一ニ男子ナクバ一期ノ後尼ニ譲ルベシ
河内屋敷
青方ニ居ラズバ惣領ニ賣ルベシ

り候、なんしもたすハ、もしお□(とカ)ゝもつ事あらハ、おとゝニゆつるへし、なんしもなくおとゝもなくて、によしなりともゆつりて、うらのうちの人をむこにとりて、あを方ニいするへし、たしよの人なりとも、あを方にいはむこニとるへし、又かめなんしもなくおとゝもなくによしもなくハ、又かめ一このゝちに、よ一ちきやうして、おのこゝもたはゆつりてあを方ニおくへし、おのこゝなくハ、一このゝちあまちきやうして、あまもあまかこもあを方にいはゐいたいちきやうすへし、たれ〳〵もたそ(他所)にいてかけてもつましく候、あを方ニいはゐいたいちきやうすへし、あをかたにいすハそうりやうにうるへし、てんちハうらのしんかくかつくり、くさつミのた、かわちのやしき、このゆつりのまゝちきやうすへし、なんし・によしによるましく候、あをかたにいはゐいたいちきやうすへく候、あをかたにいすハそうりやうにうるへし、よてこ日のためにゆつり状如件、

おうゑい八年三月五日　しんかく(眞覺カ)(花押影)

九二一　青方近・青方重連署相博状案　○青方文書

青方近、河内屋敷ト草積開・山内屋敷トヲ相博ス

かうちのやしきニ、しんかく(眞覺)のいまのくさつミのひらき・やまうちのやしき、ふたところ

賣ル時ハ惣領ニ賣ルベシ

ニゐいたいさうはく申候、もしこのさうはくのところお御うり候ハんときハ、そうりやうに御うりあるへく候、た人へうられ候ハヽ、なんねんなりともさうはくの事ハいろん申へく候、よつて御(後)にちのためニさうはくしやうくたんのことし、

おうゐい八ねん三月七日

ちかし(青方近)(花押影)

しけし(青方重)(花押影)

九二二

○朝鮮王朝實錄　太宗元年（應永八・一四〇一）

壹岐守護志佐氏ノ使人還ル

〔十月丙辰(一日)〕對馬島太守宗貞茂・一岐島守護志宗(佐)使人還、賜貞茂虎豹皮各二領・席子二十張・米豆各二十石、志宗(佐)虎豹皮各一領・席子十張・白苧黑痲布各十匹、皆授其使而送之、

九二三　船原堅寄進狀寫

○早田文書

船原堅、今福歳宮ニ畠地ヲ寄進ス

（端裏書）
「馬場大宮司殿　　堅」

奉寄進　畠地事、

歳御前（肥前國松浦郡）　一所馬場尾金屋敷

南ハかきる城のくひのそハ、東ハかきるはやまのたを、西ハかきる河そい、北ハかきる九郎大夫の本屋敷のきた、谷の井田をかきる、山はやし御立候て、御よしに御立あるへく候なり、右、忠之趣者、爲天長地久・壽命長遠・息災延命・子孫繁昌・我門增營也、仍寄進狀如件、

應永九年壬辰十一月卅日　　　船原因幡守堅（花押影）

九一四

○朝鮮王朝實錄　太宗二年（應永九・一四〇二）

志佐殿ノ使人還ル

〔六月癸亥〕（十一日）日本志佐殿所遣人仇郎文松羅君等還、

壹岐知主源良喜ノ使人至リ俘虜ヲ還ス

〔七月己酉〕（二十八日）一岐島知主（源良喜）、使人獻禮物、發還俘虜、

壹岐知主源良喜俘虜ヲ還ス

〔九月己酉〕（二十九日）日本薩州山城太守源賴秀、稱臣奉書、獻禮物、一岐州知主源良喜、亦獻禮物、發還俘虜、

九二五　梵鐘銘

○肥前松浦郡神佛像銘幷鐘銘

平戸島觀音院

平戸城下觀音院鐘銘（肥前國松浦郡）

聖護院御願所平戸嶋觀音院奉施入鐘一口、右、奉爲天長地久、御願圓滿、當浦安穩、地頭源理殿中安全、殊大檀那崇久・同女・大施主息男壽福增長、萬民快樂也、應永十年癸未十二月　日

平戸理（平戸）

九二六

○朝鮮王朝實錄　太宗三年（應永十・一四〇三）

志佐殿ノ使人還ル
賜物ハ獻ズル所ヨリ厚シ

〔三月庚申（十三日）〕日本大相國（足利義滿）・大内殿・一岐島志佐殿・對馬宗鳥宗府郎（マヽ）等使人告還、各賜物厚於所獻、

壹岐知主源良喜被虜ヲ還ス

〔五月丙午（三十日）〕一岐州知主源良喜、發回被擄人口、獻禮物、

田平圓珪ノ使人至リ被虜ヲ還シ禁賊ノ意ヲ達ス

〔十月甲戌〕（三十日）肥前州駿州太守源（田平）圓珪、使人獻禮物、發還被擄人口、達禁賊之意、

○朝鮮王朝實錄　太宗四年（應永十一・一四〇四）

九二七

壹岐知主源良喜ノ使人至ル

〔四月丁酉〕（二十七日）一岐州知主源良喜、使人獻禮物、

田平圓珪ノ使人至ル

〔七月丙辰〕（十七日）日本田平殿源圓珪、使人獻土物、

九二八　松浦延寄進狀寫

○宛陵寺文書

松浦延、下松浦今福内坂屋敷・山野ヲ大圭和尚ニ寄進ス

（肥前國）下松浦今福内坂屋敷一所、同四至堺山野之事、大圭和尚奉寄進所也、任先例、可有御沙汰之狀如件、

應永十二年正月十六日　　松浦丹後守源延（花押影）

侍者御中

九二九　松浦延寄進狀寫

○宛陵寺文書

松浦延、山野ヲ大圭和尚ニ寄進ス

松浦丹後（守脫カ）曩祖之屋敷大圭和尚奉寄進所四至堺山野之事、
東林殿屋敷堺、南上大窪名田堺、下早田降堺、西大窪畠地堺、北上辻降畠地堺、下古倉屋敷堺、右、守此旨、任先例可有御沙汰之狀如件、

應永十二乙酉十二月十三日

松浦丹後守源延（花押影）

九三〇

○朝鮮王朝實錄　太宗五年（應永十二・一四〇五）

田平圓珪・山西教寺住持源奇ノ使人至ル

〔五月戊午（二十四日）〕日本肥前州駿州太守源（田平）圓珪及肥前州山西敎寺住持源奇、各使人獻禮物、

志佐殿ノ使人至ル

〔六月丁卯（三日）〕日本志佐殿、遣僧道君等來獻土物、所獻馬二匹・大刀・藥材・器用也、

志佐殿ノ使人還ル

〔六月丙戌〕(二十二日) 日本志佐殿使僧、詣闕辭、命饋之賜布有差、

志佐殿ノ使人至ル

〔十二月壬申〕(十日) 日本國志佐殿、遣人來朝、

〇善隣國寶記

九三一

永樂帝、足利義滿ニ敕書ヲ遣ス

同十三年(應永) 大明書

皇帝敕諭日本國王源道義(足利義滿)、朕惟、天生萬物、覆育無不周、君統萬方、仁恩無不被、古之帝王、體天之德、順物之情、以爲治、而天下之民、咸得其所者、率由是道、朕荷上天眷命、皇考聖靈、福延朕躬、君主天下、凡海內・海外皆朕赤子、咸欲其安寧以遂其生、卽位之初、遣詔諭王、明示朕意、王克欽承效順、識達朕心、報使之來、懇款誠至、朕念、王稟資淳愨、賦性聰明、德行超乎國人之上、信義著乎遠邇之間、非惟朕心所悅、實乃天心所鑑、庸賜印章、申之以誥命、重之以褒錫、比歲及今、屢遣朝貢、誠意益至、敬謹愈加、寔能恭順、上天下福爾土、眞可謂賢達矣、近者使臣由王國回言、王嘗夢見朕皇考、蓋以皇考神靈在天、鑑觀四方、無遠弗屆、王心寢寐不忘恭敬、精神感格、故形爲禎夢、

對馬・壹岐等遠島ノ海寇出沒シ海濱ヲ劫掠ス

朕皇考爾夢(示)於王、卽所以監臨於王也、皇考監臨、卽天之監臨也、豈惟王一身之慶、將見王之子孫・國人、皆有無窮之慶、且以王之感格于朕皇考之心與上天之心者言之、若對馬・壹岐等遠島海寇、出沒劫掠海濱、朕命王除之、王卽出師、殲其黨類、破其舟檝、擒其渠魁、悉送京師、王之尊敬朕命、雖身在海外、而心實在朝廷、海東之國、從古賢達、未如王者、朕心喜慰、深用褒嘉、自今海上居民、無劫掠之虞者、王之功也、如此豈不可以上合天心與朕皇考之心乎、王之令名、自茲永著、光昭靑史、傳於不磨、豈惟王一身有無窮之譽、雖王之子孫、世濟其美、亦永有無窮之譽矣、今遣使諭朕茲意、加以寵錫、王其益懋厥德、以副朕懷、故諭、

永樂四年正月十六日

九三二　松浦延書下寫

○宛陵寺文書

宛陵寺

駄口草斗(マヽ)之事、

於宛陵寺(肥前國松浦郡)者、寺家人具ニ至候までも、申事あるましく候、仍爲後日狀如件、

應永十三年六月一日

源延〔松浦〕（花押影）

進上
　宛陵寺

○青方文書

九三三　立石又六沽却状案

壹岐島立石又六、十四歳童ヲ米八百文ニテ賣渡ス

よふ〳〵候ニよってうりわたし申わつはの事、とし十四、あさなつ□□、
　合、米八百文の事しつなり、
おね〔大根〕てん〔天〕てんかう〔顛狂〕三月の事か丶□申候へく候、もしこの丶ちしう〔主人〕にんと申物候ハヽ、いか
なるけんもん・かうけ・しんしや・ふつしんの御りやうなおきらわす〔い脱〕、御□た〔さ〕候時、一こふ〔口〕
のきあるましく候、もぬ〔し〕し下候ハヽ、ほんもつのよねにて給ハり□、その時ハかゝり申候へ
く候、ゆきのしまたていし又ろく、右共五日〔マヽ〕〔後〕のためニしやうくたん〔如〕の事し、
　おうゑい十三年十二月廿一日
　　　　　　　　　　又ろく〔立石〕（花押影）

九三四

○朝鮮王朝實錄　太宗六年（應永十三・一四〇六）

志佐殿ノ使人還ル

〔正月丁未〕(十八日) 日本國志佐殿、使人詣闕辭、賜衣服有差、命饋之、遺(遣)志佐殿銀鍾銀盂各一事・苧麻布各五匹・虎豹皮各二張・松子一百斤・米豆各一百石、

松浦延ノ使人至ル

〔四月丙子〕(十八日) 日本西海道丹州太守源(松浦)迎(延)、遣使來獻土物、

呼子殿ノ使人至ル

〔四月壬午〕(二十二日) 日本呼子殿客人、來獻土物、

壹岐知主源良喜ノ使人至リ俘虜ヲ還ス

〔八月壬辰〕(六日) 日本一岐州知主源良喜、使人發還俘虜七十六口、獻禮物、宗貞茂亦獻土物、

呼子瑞芳・鴨打傳・壹岐守護代源頼廣・源擧被虜ヲ還ス

〔九月壬午〕(二十六日) 日本呼子遠江守源瑞芳・鴨打三川守源傳・一岐州守護代源頼廣・源擧、各還被虜人口獻禮物、

松浦延・肥前守ノ使人至ル

〔十二月丙午〕(二十一日) 日本國丹州守(松浦延)・肥州守、遣使來、獻蘇木・胡椒・玉帶・槍・劒・水牛角等

物、

九三五　松浦延寄進狀寫

○宛陵寺文書

松浦延、田地一段ヲ宛陵寺ニ寄進ス

奉寄進、

(一脫カ)松本と號、所田地一段

右、雖小所候、當作共ニ、奉寄進所實也、仍狀如件、

應永十二八月十三日　　延(松浦)(花押影)

(肥前國松浦郡)宛陵寺

(端裏)宛陵寺　丹後守

九三六　松浦延寄進狀寫

○宛陵寺文書

松浦延、屋敷・畠地ヲ宛陵寺ニ寄進ス

重奉寄進、

一所大窪内木検□屋敷・畠地之事
此内田地者除、
右、雖爲少分、所奉寄進之也、守先例、可有□沙汰之状如件、
應永十二
九月八日　□（延カ）
松浦丹後守
（肥前國松浦郡）宛陵寺侍者御中

九三七　穏阿譲状案

○青方文書

穏阿、所領等ヲ白魚氏ニ譲ル
殘リハ彌七ニ譲ル
彌七子孫ナクバ白魚ガ子孫知行スベシ

ゆつりあたうひせんのくに御たう（五）にしうら（松浦郡）めあおかたのうち、おん阿ち（か）きやうふんのうち、ふなさけのたはふん（半分）、むくのきのさこのた、やすとミのさんほうしのしふん（四分）一、ゐいたいおかきてしろいおにたひ候なり、ふなさけのたのはんふんハ、おんあかかわりおとり候、又のこり候ところぉ、いや七にくれ候ところお、いさゝかいきお申ましく候、又いや七にくれ候ところ、いや七こそうかしそんなくハ、しろいおかしそんちきやうするへく候、よてのちのためにしやうくたんのことし、

おうゑい十四ねん十一月廿三日　　おん阿（穏）（花押影）

公事

御くうしのさしあわせにハ三十たすへく候、

九三八

○朝鮮王朝實錄　太宗七年（應永十四・一四〇七）

松浦延ノ使人還ル

〔正月壬申（十七日）〕日本丹州使（松浦延）、詣闕辭、有回回沙門都老、率妻子與之偕來、願留居、上命給家以居之、

志佐殿被虜ヲ還ス

〔三月庚辰（二十六日）〕日本志佐殿、歸我被擄人三十五名、

志佐殿・呼子殿ノ使至ル

〔五月己未（六日）〕日本志佐殿・呼子殿、遣使獻禮物、

呼子瑞芳・鴨打傳ノ使人禁賊ノ意ヲ告グ

〔五月丁丑（二十四日）〕朗句餘（名護屋カ）太守及呼子津遠江守源瑞芳・鴨打三河源傳・一岐島左文君、各使人獻禮物、告禁賊之意、

壹岐知主源良喜被虜人ヲ還ス

〔五月己卯(二十六日)〕一岐本井浦大郎五郎、使人獻土物、知主源良喜、發還被擄人口、

田平圓珪ノ使人至ル

〔八月丙戌(五日)〕日本田平殿(圓珪)、遣使獻禮物、

平戸島代官金藤貞・田平圓珪ノ使人至リ俘虜ヲ還ス

〔九月辛亥(一日)〕肥前州(松浦郡)平戸島代官金藤貞及駿州太守源(田平)圓珪、各使人發還俘虜獻禮物、

志佐殿・壹岐世官源良喜ノ使人至リ被虜ヲ還ス

〔十二月乙未(十六日)〕日本志佐殿、遣使來獻禮物、歸我被擄人十九名、一岐州世官源良喜、亦獻土物、發還被擄人口、

九三九

○朝鮮王朝實錄　太宗八年（應永十五・一四〇八）

壹岐守護代源擧ノ使人至ル

〔二月庚辰(一日)〕一岐守護代源擧、使人獻禮物、

志佐殿客人護送官李春發、被虜ヲ刷出ス

〔五月庚申(十三日)〕日本志佐殿客人護送官李春發、以刷出被擄人二十八名還、

志佐殿・御廚殿ノ使人至ル

〔六月庚辰(三日)〕日本志佐殿・御廚殿、皆遣使獻禮物、

壹岐太守源良喜、至曇ヲ遣シ被虜ヲ還ス　下松浦融ノ使人至ル

〔六月是月〕一岐太守源良喜、遣至曇、發還被擄人二十三名、獻禮物、又遣三郎左衛門來、謝米布之賜、下松浦三河守(融)、亦使人獻禮物、

田平圓珪ノ使人至リ被虜ヲ還ス

〔七月乙亥(二十九日)〕駿州太守源圓珪(田平)及日向州地公河、各使人歸我被擄人、

松浦延ノ使人至リテ被虜ヲ還ス

〔十一月庚戌(六日)〕日本丹州守源延(松浦)、遣使獻土物、發還被擄人口、

九四〇　孫四郎讓狀案

○靑方文書

孫四郎、五島西浦部知行分ヲけうしゆんニ讓ル

おや御くしのとき、そうりやうに五十のさしあハせ申すへし、

ゆつりあたうひせんのくにこたうにしうら(松浦郡)へのうちまこ四郎かちきやうふん、まこ四郎かしそんなくハ、しふんかいちこのゝち、こゝろさしあるによて、けうしゆんのなニゆつるところしちなり、

母ノ居屋敷
青方與一三郎ノ作田
惣領ノ牧ニ牛馬ヲ放ツ事
山野海邊ノ漁知行スベシ

一、はゝのいやしき一所、ふなさけのかミなゝつゐ、あおかたのよいち三ふ郎かつくりのた、
一、そうりやうのきう（まきに）ははなさん事、さんやかいへんのすなとり、やしきてんのしはうさかいわ、ほんもんしよのまゝ、たのさまたけなくゐいたいちきやうすへく候、よてこうせうのためにゆつりしやうくたんのことし、

おうゐい十六ねん□□（七月）廿三日　　まこ四郎（花押影）

九四一

○朝鮮王朝實錄　太宗九年（應永十六・一四〇九）

志佐殿ノ使人至リ足利義滿ノ死ヲ告グ

〔正月甲寅〕（十一日）日本志佐殿、遣使獻禮物、且告國王（足利義滿）之薨、

志佐殿ノ使人至ル

〔三月己酉〕（六日）日本志佐殿、遣使獻禮物、

壹岐州・肥州殿ノ使人至ル

〔三月己巳〕（二十六日）日本一岐州與肥州殿、使人陳慰獻禮物、

下松浦融ノ使人至ル

〔三月己巳〕（二十六日）日本下松浦三河守融君、使人陳慰獻禮物、

田平圓珪ノ使人至ル
〔四月癸未〕(十一日) 日本田平殿(圓珪)、遣使獻土物、

田平圓珪ノ使人至ル
〔四月乙未〕(二十三日) 日本駿州太守源(田平)圓珪、使人陳慰獻禮物、

志佐殿ノ客人至ル
〔五月戊戌〕(二十七日) 日本志佐殿客人來獻土物、

壹岐知主源良喜ノ使人至ル
〔六月是月〕 一岐州知主源良喜、使人獻禮物、

丹大殿ノ使人至ル
〔七月丙申〕(二十六日) 日本丹大殿、遣使獻土物、

九四二 下有河重等連署押書狀案

○青方文書

五島住人、網等ニ就キ寄合ヒ裁ク
先祖網

青方殿御りやうないに、くわの木のたうせんのあミまかりこゐて候、むらきミ(村君)にあを方殿せそのあミに御かたらい候程に、しさいあるましきよしりやうしやうつかまつり候、した

さきかゐ殿、濱浦氏ト網ノ契約ヲナス

かてとくふんの事、一兩度あを方殿めされ候ぬ、たゝしさきたて去二月のころ、さきかゐ殿はまの浦の六郎殿に、かたくあミけいやく候けるあひた、此段我々さはくつかまつり候て、せんやくそくのむねにまかせて、六郎方にさはくつけ申候也、向後においてハ、相互ニせん〳〵のことく御ちきやうあるへく候、仍爲後日押書狀如件、（裏花押）あミの事、

應永十七年太歲庚刁六月十四日　孔子次第

下有河氏

重（花押影）（下有河）
增（花押影）
安（花押影）
祝（花押影）

立石氏

勇（花押影）（立石）

上有河氏

收（花押影）（上有河）
直（花押影）
定（花押影）
禪海（花押影）
道智（花押影）

靑方殿（近カ）御內

九四三

〔正月乙亥〕(八日) 日本志佐殿・一岐州倭、遣人獻土物、

志佐殿ノ使人至ル

〔正月乙未〕(二十八日) 一岐知主源良喜・代言源覺眞、各使人獻禮物求大藏經、

壹岐知主源良喜・代言源覺眞ノ使人至リ大藏經ヲ求ム

〔四月庚戌〕(十四日) 司直朴和還自日本、志佐殿源秋高、遣刑部大郎護送獻禮物、己丑(太宗九年)二月、遣和使于志佐殿、求俘擄男女也、源秋高以所遣未滿其意、輒拘留和、假辭通書于政府曰、六月初吉船至、大般若一經拜受、土宜如別幅所記以納、懽喜有餘、是月下旬、國有敵國之難、便遠向戰陣、及百日而歸、以故船滯留于志佐津、就中教人司船、不意、司船之人致狼藉、便鞫誅之、贓物小分、附之官人、我情厚如此、人馬瘦哉、矧禁賊契約、不敢辜負官人之船、於十一月九日浮洋、須臾風逆、執橈之人不知方所、船忽敗毀復依志佐、予具小舟、命棹子載五十餘人而渡之、幷俘擄人二十九名、官人得而領之、明春大船到來吾國、則俘擄人、盡數可獻、所望造米五百石・鍮盆四隻・鷹一雙・獵犬一雙、伏請允命、乃己丑十一月書也、

志佐殿源秋高、朝鮮使朴和ヲ護送シテ歸國セシム

朴和ノ船志佐津ニ滯留ス

朴和ノ船敗毀シテ志佐ニ戻ル

議政府秋高ニ返書ス

議政府舍人申槪答書、源秋高得書乃遣和還、仍奉書議政府曰、二月晦日船到來、伏承台侯萬福、回禮官去載船危、故留之、今具扁舟而相送、宜領此意禁賊之約、不敢違背、專篤交義、

壹岐知主源良喜ノ使人大藏經ヲ求ム

〔四月甲子〕（二十八日）日本草野賴永及筑州太守藏親家、各使人獻土物、一岐知主源良喜、使人求藏經、

宇久鋭ノ使人至ル

〔五月辛卯〕（二十五日）日本國瑀球（宇久鋭）殿、遣使來獻土物、

宇久鋭ノ使人至リ被虜ヲ還ス

〔六月是月〕肥前州松浦宇久源鋭及土官藤滿通、各使人歸我被擄人口、獻土物、

九四四　五島住人等一揆契諾狀案

○青方文書

青方浦中一揆契諾ヲ結ブ

（前欠）

一、せん日こうし（公　私）について、うらのうちあいたかいに御くうしの時、さしあハせあるへき

公事ハ浦中トシテ半分合力スベシ

一人ノ大事ハ一同ノ大剛

公方ノ雜餉ハ惣領半分・浦中半分負擔スベシ

事、かさねてあらため申候也、しせん(自然)のときハ、そのぬしからはんふん、又はんふんハ浦の中として、よりあい申候て、れうそくをかうりよく申へし、きやうこうにおいても、このむねをまふり(守)て、一人のたいしの時ハ、一とうの大かうとそんすへき也、もししせんき(期)せさるしき候ハんときハ、かのけいやくのまゝ、おてそのさたをいたし申へく候也、

一、くはうのさつしやうの時ハ、そうりやうはんふん、又うらのうちとしてはんふん、これをせん日のふそのさためられ候まゝたるへく候、よて爲後日けいやく状如件、

應永十八年太歳辛卯五月十六日

中野氏　讃(中野)(花押影)

榮

三(花押影)

鮎河氏　昵(鮎河)(花押影)

青方氏　近(青方)(花押影)

九四五

○朝鮮王朝實錄　太宗十一年（應永十八・一四一一）

鹽津留英ノ使人大藏經ヲ求ム

〔五月丙戌〕（二十六日）日本九州江州守（板脱）寃滿家・沙彌源英（鹽津留）、皆遣人獻禮物求藏經、

宇久鋭ノ使人至ル

〔六月丙申〕（七日）日本國雲州太守原（源）鋭（宇久）、使人獻禮物、

志佐殿客人ノ上言ニ依リ其ノ弟表時羅ノ歸省ヲ許ス

〔七月甲戌〕（十五日）命甲士表時羅覲親于其鄕、日本志佐殿使送客人上言曰、同母弟表時羅母年至八十、深欲相見、請率去、故有是命、

壹岐知主源良喜ノ使人至リ大藏經ヲ求ム

〔七月甲申〕（二十五日）一岐知主源良喜、使人獻禮物、求大藏經、

九四六　下有河重等連署押書狀案

○青方文書

五島住人、青方氏ト鮎河氏ノ網代相論ヲ寄合ヒ裁ク

（前欠）

さし□はかわハ、あを方殿御あミ□はんあしろお御

網代

萬雜網

浦中ノ裁ニ任セ番々ニ曳クベシ

網ノ番

日替ニ曳クベシ

鮎河氏ノ網ナキ時ハ青方氏ノ網ニテ鮎河氏ガ曳キ得分ハ鮎河氏取ルベシ

網ノ用意出來タル方ヲ一番トシ次ノ日ヨリ日替ニ曳クベシ

網代廻リノ事ハ網ヲ繰リタル次ノ日ヨリ定ムベシ

ひきあるへく候、二はん□(あカ)しろの事□(ハカ)、あゆかわ殿御ひき□(候カ)へく候、□(りカ)やうはういた□□たいたるへく候矣、□□あミそのほかまんさうあミの事ハ、せん〳〵の御さためと申、かさねて浦の中のさんはく(左博)のむねにまかせて、はん〳〵にひかせらるへ□□(く候カ)、あミのはんの事ハ、せん日の御さためのことく、さきたてくられ候ハんするあミお一はんにせられ候て、つきにいてき候ハんあミお二はんにせられ候て、はん〳〵にひかれ□□□(候へく候カ)、

一、かせ(桛河カ)のうちの事ハ、せん日の御さためのまゝ、ミあいにひかるへく候、かせよりほかの事ハ、はん〳〵に日かゐにひかせらるへく候矣、

一、もしあゆかわ殿御あミありあい候わさらん時ハ、あを方殿御りやうのあミおもて、あゆかわ殿御方ひかせられ候て、とくふんハあゆかわ殿につかわされ候へく候、又もしあを方殿御りやうのあミのありあい候わさらん時も、あゆかわ殿御りやうのあミをもて、あを方殿御方をひかせられ候て、とくふんハあを方殿ニつかわされ候へく候矣、

一、あミのまついてきて候ハんかたを一はんニ御さため候て、一あしろをひかせられ候て、つきの日より日かゐにひかせられ候へく候矣、

一、あしろまわりの事ハ、あミをくられて候ハんつきの日より、御さためあるへく候矣、

右、かくのことくわれ〳〵さんはく申候むねニまかせて、永代をかきて御ちきやうあるへ

く候、よてあつしよ状如件、

應永十九年正月廿九日　孔子次第

下有河氏

重（下有河）（花押影）

知（花押影）

上有河氏

收（上有河）（花押影）

安（花押影）

道智（花押影）

穩阿（花押影）

增（花押影）

覺心（花押影）

九四七　宇久江道機等連署押書狀案　○青方文書

五島住人、寄合ヒ青方氏ト鮎河氏ノ小網ノ網方ノ公事ヲ裁ク

（端裏書）
「青方殿　□□」

□□□（あをかヵ）たとのとあゆかわとのと、こあミのあミかたの御くうし候て、この人す（數）一とうによりあひ申さため候たん、□□（十ヵ）五日ハあをかたとの、十五日ハあゆかわとの御ひき候□□□（へく候）、

十五日宛青方氏ト鮎河氏曳クベシ

たゝしあゆかわとのゝ十五日のうちをあしろに一、よ一あしろゑもん二郎に、こんねんのたつのとしよりミやう□□(みつカ)(癸巳)のとのミのとしのほと、このまゝゑもん二郎ひくへく候、□うに申定候、よてのちのためニしやうくたんのことし、

宇久江氏

おうゑい十九年(ミつのえたつ)七月廿八日

道(宇久江)　機(花押影)

おん阿(穏)(花押影)

たうち(道智)(花押影)

しらる(知)(花押影)

上有河氏

おさん(上有河收)(花押影)

やすし(安)(花押影)

下有河氏

しけし(下有河重)(花押影)

まさる(増)(花押影)

青方(近カ)殿
御内まいる

九四八

○朝鮮王朝實録　太宗十二年（應永十九・一四一二）

宇久鋭ノ使人至ル

〔四月乙亥(二十一日)〕日本肥州宇久殿(鋭)使送客十人、來獻土物、

宇久鋭・爪哇國陳彦祥ノ使人還ル

〔五月戊申〕(二十五日)日本國宇久(鋭)殿使人及爪蛙(哇)國陳彦祥使人等、告還、爪蛙(哇)國人曰、日本國人性本貪暴、多竊彦祥財、恐中路殺我以滅其迹、願國家護送、政府啓曰、送一兩兵船、安能禦暴、又不可多遣遂行、

田平圓珪ノ使人至ル

〔八月戊寅〕(二十六日)日本田平(圓珪)殿、使人來獻土物、

田平圓珪ノ使人、濱海ニ分置セラルル倭奴ヲ奪還セントス

〔十月己巳〕(十七日)移置倭奴于僻處、慶尙道觀察使報、田平(圓珪)殿使送客人回還時、欲竊迎日分置倭人多郎(太郎五郎)高羅等載船、守人止之、拔劒刺腰而去、乞將濱海分置倭奴、移于幽僻之處、從之、

九四九　宇久・有河・靑方住人等一揆契諾狀案　○靑方文書

宇久・有河・靑方住人等、一味同心シテ宇久松熊丸ヲ取立テンコトヲ契諾ス

重契約宇久・有河・靑方一諾條、

□(今)度當浦のさくらんニよて、此浦々のこらすかたく神名をもて、かきかへれんはむ(書替連判)□(申)候ぬ、

尙以此人す(數)重而申定候所ハ、いまより後、宇久殿の子孫とかうし候て、いかなる人出來候

といふ共、此人すニおいてハ、一味同心の思をなし、松熊丸(宇久勝)をとり立申、公私のつとめをはけまし申へく候、就夫此かきかへの人すの中ニ、自然の事候ハん時ハ、一人の身の上とふかく存、いさゝかそりやくしんそのきなく、一同ニ可申談候、いさゝか此中のれんはむニつらなりなから、よにんのとくをせん人ハ、此なかをなかくひしゆつ(擯出)申へく候、若此條偽申候者、

日本六十餘州大小神祇、別而者八幡大井・天滿大自在天神・志自岐大井・當嶋鎮主(守)神嶋大明神御罰を、各可罷蒙候、仍起請文契約狀如件、

應永廿年癸己(巳)五月十日

志自岐大菩薩
神島大明神
道機(ゐ)(花押影)

宇久江氏
智(きた)(花押影)

北氏
堅(あをしまかた)(花押影)

青島方氏
覺(たかせ)(花押影)

高瀨氏
授(ゐのはま)(花押影)

江濱氏
武(はりき)(花押影)

針木氏
昵(あゆかハ)(花押影)

鮎河氏
道榮(つゝミ)(花押影)

堤氏

上有河氏　かみありかハ
收(花押影)

三ヶ崎氏　ミかさき
覺源(花押影)

青方氏　あをかた
近(花押影)

下有河氏　しもありかハ
重(花押影)

松尾氏　まつを
勤(花押影)

青方面々
御中

九五〇　宇久住人等一揆契諾狀案　○青方文書

宇久浦中(肥前國松浦郡)御契諾條々之事、

宇久浦中、一揆契諾ヲ結ビテ、宇久松熊丸ヲ名代トス

一、宇久名代之事、松熊丸(宇久勝)可被持申由、浦内面々われ〳〵堅申定候畢、若又万个一宇久のしんるいとして企不慮儀、雖有相論之方、一同ニ松熊丸ぉ可被取立段云云、

一族中ニ荒説出來ノ時ハ一同申談ジ理非ヲ落居スベシ

一、於浦中御一族内人々、自然如先日之思外荒説出來候者、一同ニ申談候而、理非可有御落居候、

非道非例アラバ討チ又ハ追出スベシ

一、於此人數中、被捨先日之事、自今以後非道非例之振舞候者、衆中加談合、可打人者うち、

境ヲ越エテ雅意アラバ追放スベシ

逃散ノ百姓・下部ハ領主・主人ニ返スベシ

志自岐大菩薩
飯良八幡
神島大明神

おいいたされ候する方々者不及申候哉、

一、宇久浦中之御一家、各々御知行之所領境山野河海のかり・すなとり・同木松竹きり、其外付萬事、他の境ニこゑて、せんきの外かいニ(雅意)まかせられ候ハヽ、そのともからひしゆ(擯出)つあるへく候、

一、百姓・下部逃散之事、相互被仰定候上者、理非おたゝされ、りやうしゆ・主人ニつけられ候へく候、仍めん〳〵われ〳〵か子々孫々かたくこの旨を可守申候、若此條々僞申候者、

ほんてん・たいしやく・したいてんわう、惣日本國中の大小の神きミやうたう、當庄の鎮主ニハしゝき大ほさつ、當嶋の大神いひら(飯良)八幡・同神嶋大明神の神罰明罰(冥)、おの〳〵まかりかふるへく候、

應永二十年五月十日

貞方氏　貞方しんゑもん　頼重(花押影)

阿野氏　あのゝしゆり　納(花押影)

吉田氏　よしたけき　永(花押影)

中河原氏　なかかハら　備(花押影)

渡瀬氏　わたせ　生(花押影)

小濵氏
木場氏
大久保氏
阿野氏
龜淵氏
近藤氏
館鞘氏
安永氏
貞方氏
中村氏
安永氏
貞方氏
鬼塚氏
鬼塚氏
出水氏

おはま　道勝（花押影）
こは　淨圓（花押影）
大くほたちわき　語（花押影）
あの　有（花押影）
かめのふち　廣（花押影）
こんとうさきやう　好（花押影）
たちさや　憑（花押影）
安永ひつちう　般（花押影）
貞方さと　頼繼（花押影）
なかむらあき　固（花押影）
安永しもつけ　之（花押影）
貞方いつ入道　慶（花押影）
おにつか入道　融金（花押影）
おにつかふんこ　和（花押影）
いつミ　極（花押影）

阿野氏　あの丶二郎さへもん
全（花押影）

阿野氏　あの丶ひこ
与（花押影）

山口氏　やまくち
道海（花押影）

貞方氏　貞方入道
良長（花押影）

大久保氏　大くほ入道
祥信（花押影）

貞方氏　貞方うた
頼教（花押影）

○朝鮮王朝實錄　太宗十三年（應永二十・一四一三）

九五一

壹岐知主源良喜ノ使人至リ大藏經ヲ求ム

〔二月己卯（三十日）〕一岐知主源良喜、使人獻禮物、求大藏經、

志佐殿ノ使人至リ被虜ノ送還ヲ請フ

〔六月己酉（二日）〕日本志佐殿使送客人、來獻土物、政府啓、志佐殿使送客人云、國人被擄在我土者頗多、遣人則可得刷來、臣等以爲、通信官入送推刷似便、從之、

壹岐知主源良喜ノ使人至ル

〔六月辛亥（四日）〕日本一岐州知主源良喜、使人來獻土物、

〔六月癸亥(十六日)〕賜志佐殿虎皮・細麻布・松子・人參、宗貞茂米豆百石・酒百二十瓶、
志佐殿下賜ヲ受ク

〔八月丙子(二十日)〕對馬州管領源榮、使人獻禮物、告禁賊之意、
對馬守護代源榮ノ使人至リ禁賊ノ意ヲ告グ

〔十一月戊子(十二日)〕日本宇久殿、使人來獻土物、
宇久殿ノ使人至ル

〔十二月己巳(二十四日)〕日本一岐州源良喜使送七人、來獻土物、
壹岐國源良喜ノ使人至ル

九五二 中野讃等連署押書狀案（折紙）

○青方文書

青方住人等、寄合ヒ申定ム
松田氏ノ子孫違亂アルベカラズ

（前欠）
にてしつけ申□ゐいたいおかきて御ちきやうあるへく候、まつたとのゝしそんとして、ゐ
いたいら(い脱カ)んお申さるましく候、よてあしよしやうくたんのことし、
おほゐい廿一ねん

中野氏
讃(中野)(花押影)

十月廿一日

鮎河氏
むつふ(鮎河昵)
「さたむ(折返)
たかし(花押影)
御(穏阿)あ(花押影)」

○青方文書

九五三　青方浦住人等一揆契諾状案

青方浦中、一揆契諾ヲ結ブ

非器ノ沙汰ヲナス輩ハ三度教訓シテ叶ハズバ追放スベシ

うらのうちいちとうにさため申すきしき(規式)の事、

□(一)ふそのゆいしよもんしよや(お)ふんてひきのさたおいたさんともからハ、このにんしゆ(人数)さんとけうくん申てかなハすんは、ゑいたいひしゆつ(擯出)申すへく候、

虚說ヲ申出ス輩ハ咎ノ輕重ニヨリ罪科ニ行フベシ

一、しんるい・わかたう・ちうけん・ひやくしやうらにいたるまて、きよせつお申いたさんともからハ、とかのきやうちうによて、そのさたいくわにおこない申へく候、

喧嘩兩成敗

一、けんくわとうしやういてきたらんときハ、おやこにかきるましく候、りやうはう二人おうしない申すへく候、

領主ノ戒メタル者ハ互ニ返スベシ
贔屓ノ沙汰ヲスベカラズ

一、りやうしゆのいましめたらんものハ、あいたかいにかやしかやされ申すへく候、
一、かやうに申さため申候うゑハ、こきうすきによて、いさゝかひいきのさたお申すましく候、

三日山王

もしこのてういつハり申候ハヽ、ほんてん・たいしやくおはしめたてまつりて、にほんのちんしゆいせてんせう(伊勢天照)大しん・八まん・てんしん・ひこ(英彦)・くまの・みかさんわう、そ(し)うて六十よしよの大小のしん(神)の御はつお、おの／＼かうふり申すへく候、

おうゑい廿一ねん十二月十一日

おんあ(穏阿)（花押影）
れうかく(了覺)（花押影）
かいけん（花押影）

鮎河氏

むつふ(鮎河昵)（花押影）
さたむ(定)（花押影）
たかし(高)（花押影）

青方氏

すゝむ(青方進)（花押影）
さたし(貞)（花押影）
あつむ(収)（花押影）

つかう（仕）（花押影）
さつく（授）（花押影）
のたミかく（花押影）
三郎二郎いさむ（勇）（花押影）
六郎二郎ひろし（廣）（花押影）

長田氏

なかた三郎二郎ミつる（滿）（花押影）
二郎四郎ひろむ（弘）（花押影）

那摩氏

（那摩）まこ四郎なかし（永）（花押影）
いやなかゝハ たけし（健）（花押影）
うしとう丸（丑童）（花押影）

中野氏

（中野）ひこ四郎 ほむる（讃）（花押影）
とくかめ丸（德龜）（花押影）
ひかとう丸（花押影）
れうほん

青方氏

（青方）近（花押影）

九五四

〔十一月丁巳〕（二十四日）日本志佐殿及宗貞茂等使送客人、來獻土宜、　○朝鮮王朝實錄　太宗十五年（應永二十二・一四一五）

志佐殿ノ使人至ル

九五五　青方近・青方進連署讓狀案　○青方文書

青方近・進、西浦部青方地頭職ヲ鬼法師丸ニ讓ル

□□□□（ひせんのカ）くニうの（松浦郡）ゝミくりやのしやうこたうにしうらへあおかたのちとうしきハ、ちかし（青方近）・すゝむ（青方進）かちうたいさうてんのしりやうなり、しかるニこのところおは、おニほし丸ニやう（永）たい（代）おかきってゆつるところしちなり、たのさまたけなく、まこおにほし丸ちきやうすへく候、よってこにちのためニゆつりしやうくたん（の脱カ）ことし、

おうゑい廿三ねん二月十七日

ちかし（花押影）

すゝむ（花押影）

九五六

田平圓珪ノ使人至ル

〔四月癸亥〕（一日）宗貞茂・田平（圓珪）殿、使人來獻土物、

田平圓珪ノ使人至ル

〔四月乙亥〕（十三日）宗貞茂・秋月殿・田平（圓珪）殿及貞茂之母、使人來獻土物、給貞茂母米八十四石、

志佐殿ノ使人至ル

〔六月己卯〕（十九日）日本志佐殿、使人來獻土物、

志佐殿ノ使人、通信官派遣ヲ朝鮮ニ請フ
志佐殿嘗テ被虜ノ送還ニ不誠ノ事アリ

〔七月壬辰〕（三日）命議政府六曹、議送通信官於日本便否、志佐殿使人請遣通信官、　上曰、昔聞、彼有送還本土被擄人之語、備送唐艦二三艘、彼只送男女幷七人、我國堕其術中、今亦曰、有被擄人、仍求通信官、未知所以、宜語之曰、爾送被擄人、則我當備糧修艦以送、豈可未知多少妄遣通信船乎、爾還而報以被擄人多少、然後當遣通信官、仍令政府六曹議得、贊成朴信等皆曰、　上教是矣、

九五七　藤原重正譲狀寫（折紙）

○早田文書

藤原重正、早田乙鬼丸ニ今福大宮司跡目トシテ七社・十二宮ノ神田ヲ譲ル

さたむ、
いまふく（肥前國松浦郡）の大くうしあとめのところ、せんれいまかせ、せんとのまりふちわらのしやくせんのおとお□（に）（乙鬼）とのゐ、ゆつりあたるところしつなり、〇とし（との）のミや、そうして七社・十二宮の神田八たん三丈のところの申口、ゆつり申候ところしつなり、よてのちのためにしやう
（折返）「くたんのことし、
應永廿四年とり三月十一日
藤原重正（花押影）」
（ウハ書）「ゆつりしやう
おとおにとの　大」

○早田文書

九五八　松浦進書下寫

松浦進、今福七社・十二宮大宮司職ヲ藤原重正ノ譲状ニ任セ早田乙鬼丸ニ安堵ス

（端裏書）
「丹後守」

今福七社（肥前國松浦郡）・十二宮大宮司職事、任重正（藤原）譲旨、大宮司職之事、不可有子細、守先例社役・同地頭方祈禱、聊不可有無沙汰、可令勤仕之状如件、

應永廿二
六月一日　　　　　進（松浦）（花押影）

「早田乙鬼丸殿」　○松浦文書類四所收今福文書ニ據テ補フ、

○朝鮮王朝實錄　太宗十七年（應永二十四・一四一七）

九五九

呼子瑞芳・田平圓珪ノ使人至ル

〔十二月辛亥〕（三十日）對馬島宗貞茂・藤次郎・遠州太守源瑞芳（呼子）・駿州太守源圓珪（田平）・濃州太守平宗壽、各使人獻土物、

対馬守護代源榮ノ使人至ル

九六〇

○朝鮮王朝實録　世宗即位年（應永二十五・一四一八）

〔九月己酉（二日）〕日本國對馬州守護代榮（源）、遣人獻土宜、致書于禮曹曰、前者遣敬差官李藝、以貞（宗）茂死致賻祭、都都熊丸（宗貞盛）感極不已、判書答書曰、向遣李藝致賻物薄、今乃示以遙謝之意、深用爲愧、不腆土宜具在別幅、

田平殿ノ使人金源珍等、禦寒襦衣ヲ需ム

九六一

○朝鮮王朝實録　世宗元年（應永二十六・一四一九）

〔十月壬申（一日）〕禮曹啓、今來日本國九州田平殿所送源（金）珍等五人、及留船格倭三十六名、請給禦寒襦衣、從之、

松浦進、今福歳宮・大明神ニ原尾前山ヲ寄進ス

九六二　松浦進寄進狀寫

○早田文書

きしんしたてまつる今福浦内（肥前國松浦郡）
年御前・大明神兩所に、

山林ヲ養ヒ造営ニ使フベシ

はゝ〔ら〕の尾しま〔之〕通〔ゑ〕山之さかい之事、ミなみこなし河よりひかしに越道〔を〕おかきる、ひかしハはやまの田ふちお〔を〕かきる、きたハ岩崎はまかき〔を脱〕る、にしハ上ハ河そへ、下ハ田ふちをかきる、山はやしたて候て、さうゑいにつかいあるへく候、よてきしん状如件、

応永廿七年正月十九日　　　　進〔松浦〕（花押影）

松浦丹後守

〔奥書〕「丹後守進公御書壹通」　○松浦文書類四所収今福文書ニ據テ校ス、

九六三　松浦進書状写※　○早田文書

松浦進、今福大宮司ニ治病ノ祈禱ヲナサシメ、效験アルヲ謝ス

〔端裏書〕「はらへ

大くうしとのへ

丹後守」

茶二袋ヲ贈ル

又あまりらくせうに候へとも、ちや二ふくろまいらせ候、わさと申候、さてハこんとのひやうき大かうにおもい申候て、きたうの事しさせ申て候へ〔へ〕、やかてとりなをし申て候事こそ、せんはん〔千萬〕〳〵候これにてよろこひ申て候へ、きはう〔貴房カ〕のめいは〔名望〕

(カ)うこのうへあるましく候、かやうのよろこひともこのほか(と)も申たく候へとも、わさとこの間ハ申さす候、三日比(こんひ)のよく候ほとに、よろこひ申候、いよ〳〵きたうの事たのミ申候〳〵、いかまけ(さ脱)つ(ん)さん(見参)のとき、かさね〳〵よろこひとも申うけ給候へく候、恐々謹言、

四月廿五日　　　　進（松浦）（花押影）

○松浦文書類四所收今福文書ニ據テ校ス、

九六四　青方進讓狀案

○青方文書

青方進、上有河ノ内頓阿ヨリ讓ラレタル居屋敷ヲ讓ル四至境

ひせんのくにかミ(松浦郡)ありかわのうちとんあ(頓阿)よりゆつり給ハるところいやしき、うわはろのいまのたいくうしかやしき、てんちハうしろむたの田、しん〳〵(四至境)さかいハ、とんあのゆつりしやう狀のまゝちきやうすへし、

居屋敷境

一、あを方のすゝむかちきやうふんのうち、いやしきハいまのせんさういんのやしき、さかいわ、ひかしハいまのつくりあねのまゝ、みなミハついちのまゝ、にしハたいたうのそいのうつきのまゝ、きたわきしのまゝ、この□(う)ちきやうすへし、

田地

一所、てんちハいまのまこ二郎かつくりのなかのひらき、みつのおよはんかきりひらくへし、

那摩越

なまこゐのくさつみのさかりのせんさういんのひらき、ちきやうすへし、

長田青方進天神ニ寄進ス

惣領領内ノ鹽屋

海夫

船黨童

山野海邊ノ漁牧

惣領領内ノ網

なかたの事、すゝむかてんしんにきしん申候お、しも月にかわり(替)ひやくかれう(料足)そくおもて、まつり申するへく候、そうりやうのりやうないのしをやに、人を一人入るゝよ(へ)く候、あを方にいて人を入たら時(ん脱カ)ハ、とくふん(マヽ)のとるへく候、

かいふな(の)事、三郎二郎こにおさなくふなたうわらハゆつり申事しつなり、さんや・かいへんのそなとり、まきにそうりやうのきうはをはなさんまきに、せいのかきりあるへからす候、そうりやうのりやうないのあみニふたりまへ、ひやくしやうなみニ人を入るゝへく候、よて五日(後)のためにゆつり状、くたんのことし、

おうゑい廿七ねん九月廿七日　　すゝむ(花押影)

九六五　青方進置文案

○青方文書

青方進、生前買地等ヲ鬼法師丸ニ知行セシム

一貫五百文ニテ請ク

那摩氏

かきおくおきしやう(置状)の事、しやうせんのはいちのところお、おやにて候人、かわ□□(りカ)いくくわんこひやくもんおもてうけられ候お、二郎四郎(青方近)とのゝゆつられお(候脱カ)、おやにて候人

一こののち、もとのかわりおしるし、おにほし丸ちきやうすへし、

一、なまとのゝふなさけのなゝつゑた(七丈)、てらいのはちらう四郎かせうのかたニはめ□□(候)、お

秋鹽

やにて候人、あきしお五十おもてうけられ候て、これも四郎二郎四郎とのゝにゆつられ候、もとのしおゝ二郎四郎とのゝかたにおにほし丸まいらせ候て、これもおにほし□ちきやうすへし、

三郎兵衞方ノ開

一、さふらうひやうゑのはうのひらきお、これのおこのせうかひきに、おやにて候人、おさ（押）いてさうはく候て、これも二郎四郎とのニゆつられ候、もとのことくにおこのせうかひらきお、しやうかく（青方重・淨覺）のゆつりのまゝ、四郎二郎四郎とのゝかたニかやされ候て、はらののたの事お、おにほし丸ちきやうすへし、

一、すゝむ（青方進）かこくそ（久曾カ）と申すふなか（不仲）ニ、これもまつらのたのかわりにせんさういぬのかたニはめられ候、これもおやにて候人いちこののち、おにほし丸、二郎四郎とのにこい申候て、とり申すへし、そうしてハすゝむか事ハ、なに事もおやにて候人、おさい〳〵しおかれ候ほとに、せひなく候、おやにて候人いちこののちハ、しやうかくのゆつりのほかの事ハ、おにほし丸、二郎四郎とのゝに申すへし、かやうにかきおき申候事お、おにほし丸とつけ申わすハ、

鬼法師丸コノ旨ニ背カバ草葉ノ陰ヨリ恨ムベシ

はちまん・てんしん、にほんこくのかミ〳〵のはつおかうむり候、おにほし丸このむねおそむき申候ハゝ、くさのかけよりもうらミ申すへし、このしやうおさきとして、おた

し申すへし、このむねおそむきあるましく候、よてこにちのためにしやうくたんのことし、

おうゑい二十七ねん九月二十七日

すゝむ(花押影)

九六六　青方進書状案※

○青方文書

(端裏書)「(墨引)　　青方」

年頭始之御悦、目出度申籠候了、仰候て今日七目(肥前國松浦郡)まてまかり候へと承候へ共、さりかたきさし相候によって、罷越不申候て、□者れいしつにて御座候、十三日者かならすまかりこへ可申候、七目御返可□(然カ)候、罷□ましく候、十三日の日御越被下候□、此□りやうの御返事一見候處、諸事期□便、不具、恐々謹言、

七目

正月十一日　　　　進(青方)(花押影)

上有河殿
進之候、

上有河氏

九六七

○朝鮮王朝實錄　世宗二年（應永二十七・一四二〇）

田平省、被拘留倭人ノ返還ヲ請フ

〔八月戊戌〕（二日）日本西海道肥前州平（田脱カ）寓鎭駿州牧源省、遣人獻土宜、請還被留倭人、上議於政府、不允、

日本國回禮使通事尹仁甫、壹岐島主ノ怨言ヲ傳フ

〔十月癸卯〕（八日）日本國回禮使通事尹仁甫、先來復命、啓曰、○中略九州節度使（澁川滿頼・義俊）父子、誠心迎待、筑前州守藤（少武）滿員（貞）・一岐島主、皆有怨言、小二殿亦曰、去年朝鮮來攻我對馬島、我欲請兵船二三百、攻破朝鮮沿海數邑、然後快於心矣、對馬島都都熊丸（宗貞盛）弟熊守（壽）亦曰、吾欲拘汝等、以當島人之被留者、然與本國通好、不敢耳、其被留人須速刷還、

田平省、澁川道鎭ノ使人ニ托シ土宜ヲ獻ズ

〔十二月壬寅〕（八日）日本國九州都元帥右武衞源道鎭（澁川滿頼）、遣人獻土宜、求大藏經及大鏞、田平殿源省、亦因道鎭使人、就獻土宜、

九六八

○朝鮮王朝實錄　世宗三年（應永二十八・一四二一）

洪州ノ人李才、三島倭ト謀リテ朝鮮ニ寇スルヲ企ツ

〔正月癸酉〕（十日）洪州人李成、言於懷安君子孟宗家奴曰、州人李才密語其子乙生曰、吾率禾尺・才人、草竊洪州界、則可以得志矣、如不得志、與三島倭合謀寇本國、則可以屠城略地、而前日懷安之亂、斯爲下矣、孟宗聞之、告牧使趙琓、琓率李成騎馹赴京直啓、上命義禁府鞫之、成以誣告、杖一百流三千里、

志佐重ノ使人至リ、硫黃等ヲ獻ズ

〔八月癸巳〕（三日）對馬島都萬戸左衞門大郎、（早田）遣人獻硫黃五百斤・犀角一對・丹木三百斤、一岐州太守源重、（志佐）亦遣人獻硫黃一千四百斤・麒麟香八斤・蘇油五十斤・犀角一對、

志佐重ノ使人至ル

〔九月己巳〕（九日）日本平滿景、遣人獻蘇木一千斤・蘇合香五斤・麒麟膠一斤、一岐州太守源重、（志佐）亦遣人獻土宜、

志佐重、書ヲ禮曹參議ニ送リ禮物ヲ獻ズ

〔九月己卯〕（十九日）禮曹參議答一岐州太守源重（志佐）書曰、承書、知慕義之誠愈久彌篤、所獻禮物、謹已啓納、來使言旋、就付土宜緜布四百五十四匹、惟照領、

○松浦史料博物館所藏小記類一

九六九　正興寺住持職置文寫

○正興寺住持職件目

當寺末代住持遺規　　比丘自由

佐々浦正興寺

肥前國御廚庄（松浦郡）佐々浦正興禪寺、至于後代住持職件目、

一、勤行次第

三時讀誦、二時坐禪、皆以如常勉旃不怠矣、

天泉和尚ノ法脈ヨリ住持ニ就クベシ

一、住持之人

專可爲先於天泉和尚之兒孫、不擇貴賤、莫分貧富、堅守制戒、扶起山門、如斯倫者可令繼踵也、

天泉ノ法脈絶ユレバ銕牛ノ門中ヨリ起ツベシ

一、若夫天泉和尚一派滅却、則求銕牛先師門中、如所言之人以與鈯斧歟、可（マヽ）

寺ト檀那ト和合シテ住持ヲ定ムベシ

一、住持之人、違上遺範、或振檀那・種族之權威、或誇巨富饒之榮名、恣犯禁戒、非理貪利非道賣買者、幸爲檀那而嚴改易之者哉、是以欲請住持、則寺與檀那和合可定之焉、

應永二十九年壬寅龍集三月日

左馬助佐々存

住持比丘來遠押
檀那左典厩源(佐々)存押
肥前守源(平戸)豊久押

九七〇　江道機等連署押書状案

○青方文書

五島住人等、寄合ヒ平戸松浦氏ト青方氏トノ祝言島・折島ノ相論ヲ裁ク
和與ス
得分ハ先日相定ム
牧・木場・畑以下兩方相持ツベシ
自今以後越訴ヲ停止スベシ
宇久江氏
鮎河氏

肥前國宇野(松浦郡)御廚庄下松浦五嶋西浦目□□(之内)鵰(祝言)下・尾禮(折)嶋兩嶋事、平戸殿与青方殿御相論候、既及大剛候之間、宇久松熊丸相懸(勝)□□□和与旱、所詮、彼兩嶋之事、於得分者、自先日相定候、牧并木場・畑以下者、兩方可爲相持之由、堅令落□(居カ)旱、以此下者、自今以後何様之雖有證状、相互御越訴可有停止□□□旨、至于後々將來、御知行不可有相違由、一同押書之状如件、

應永廿九年(壬寅)五月十三日　孔子□□(次第)

(江)道機(花押影)
(鮎河)延(花押影)
正(花押影)
武(花押影)

惠（花押影）

安永氏
般（安永）（花押影）

宥（花押影）

弓（花押影）

木場氏
淨圓（木場）（花押影）

等（花押影）

契（花押影）

上有河氏
收（上有河）（花押影）

鏡（花押影）

冏（花押影）

道清（花押影）

奈留氏代
奈留代
道■（授）（花押影）

道應（花押影）

宇久氏
松熊丸（宇久勝）

青（進カ）方殿

九七一

○朝鮮王朝實錄　世宗四年（應永二十九・一四二二）

田平省ノ使人至リ拘留倭人ノ返還ヲ乞フ

〔正月壬午〕（二十四日）日本國九州節度使源（澁川）義浚（俊）、遣人來獻土物、乞還對馬島人之拘留者、薩摩州藤源頼・肥州田平殿源省等、亦使人來獻土物、乞還拘留倭、

田平省ノ使人至ル

〔二月癸丑〕（二十六日）日本源（澁川）義俊・藤源頼・源（田平）省等、各遣人來獻土宜、回賜緜布有差、

朝鮮禮曹、田平省ノ人民返還請求ニ答フ

〔三月乙丑〕（八日）禮曹佐郎房九達、答日本國西海道駿州太守源（田平省）公書曰、所獻禮物、謹稟堂上啓納、兼諭請還人民、年前移文各道挨尋未獲、今於使人細問各人出來年月、四郎五郎對以近日之事、尙或遺忘、況三四年前事、何能記得、因此無憑挨刷、惟照、人回、就將土宜付送、領納、

九七二

○朝鮮王朝實錄　世宗五年（應永三十・一四二三）

田平省、書ヲ禮曹ニ送リ硫黃等ヲ獻ズ

〔正月庚戌〕（二十八日）駿州太守源省（田平）、修書禮曹陳慰、獻禮物硫黃六千觔・犀角八本・丹木五百觔、恭奠白檀四觔三兩・胡椒二觔・丹木一百觔、禮曹佐郎成念祖答書曰、專人陳慰、且修進香之禮、爲感殊深、土宜正布一千一十四付回价、

志佐重ノ使人至リ蘇木等ヲ獻ズ

〔二月丁丑〕（二十六日）日本國下松浦志佐一岐守源重、使人陳慰、獻土物蘇木八百觔・硫黃二千三百觔・蘇香油二觔五兩、回賜正布四百七十四、

田平省ノ使人金元珍、島津領國ニ赴キテ朝鮮人被虜ヲ刷還センコトヲ請フ

金元珍ハモト朝鮮ノ產

〔三月乙酉〕（四日）禮曹啓、源省（田平）使送金元珍自言、吾欲回去於日向・薩摩・大寓（隅）等處刷得被擄本國人、率領回來、元珍是我國人、請於上項三州都捴日向太守源久豐（島津）處修書、請刷被虜我國人、授元珍送還、仍贈虎皮花席・緜紬・苧麻布・人蔘・松子等物、亦贈元珍衣一襲幷笠靴、從之、遂命禮曹判書金汝知致書曰、奉書日本國日向・大寓（隅）・薩摩三州太守源公（島津久豐）足下、海天遼濶、未詳體履何如、嘗聞、本國人物被擄轉賣者、多在三州地面、右件人物、盡還舊土、令親戚完聚、在閣下一諾、易如反掌也、今肥州太守所遣金元珍、元是本國之產、因其告歸

敢布、幸閤下恕照、不腆土宜聊表寸忱、惟領納、

田平省ノ正使秀嶺、書ヲ禮曹ニ送リ硫黄ヲ獻ズ

〔六月庚午〕(二十一日)源(田平)省正使釋秀嶺、在館呈書于禮曹曰、前日差使員、以執事之命、三品其硫黄、來曰、比乎此、而居其上中者藏之、其下者除之、今源(田平省)公所貢硫黄、亦雖有上中下三品、既

富山浦

及數千觔、故暫置之於富山浦、以竢聞執事之命矣、僕竊以、源公畏大國之威不遑寧處、晝議宵思、願欲忠大國、故不遠萬里之重溟、奉不腆之土宜、以表其至誠、大國以貢物不精不

田平省ノ硫黄ヲ楚國ノ包茅ニ例フ

受之、則絶下邑之好也、僕聞之、昔齊桓伐楚、問包茅之不貢、但責其貢不納、而不論貢之精麤、楚大國也、豈無善於包茅者、蓋尙其貢而已矣、下邑之硫黄、卽是楚國之包茅也、伏冀悉納、以爲下國之貢、幸甚、

田平省ノ使人金原珍、島津久豐ノ刷送セル被虜ヲ携ヘ至ル

〔十月丁巳〕(十日)源(田平)省使送金原珍、率來薩摩州太守久(島津)豐刷送本國被擄男五口・女四名、請還元籍、從之、

壹岐守護代白濱光秀ノ使人至ル

日本國西海道源(澁川滿頼)道鎭姪中務大輔源(澁川)滿直・關西道九州右衛門佐大莊氏滿種・一岐守護代源朝臣白濱伯耆守沙彌光秀等、使人來獻土宜、回賜滿直正布三百九十匹、滿種三百二十匹、光秀二百九十匹、

田平省ノ使人至ル

〔十月壬申〕（二十五日）日本國源義俊（澁川）・平滿景・源省（田平）・左衞門大郎（早田）等、使人獻土物、義俊進香一十斤・犀角四本・蘇膏油十二斤・硫黄三千斤・丹木一千斤・檳榔二十斤・胡椒一十斤・藤三百本、回賜正布三百四十匹、滿景進犀角二本・獐（樟）腦一十斤・硫黄三千斤・大盆二箇・焰（煙）硝（硝）六斤・丹砂三斤・練緯二匹・蘇木一千斤・鉛四十斤・扇子一百把・小盆三十箇・胡椒一十斤、回賜正布三百五十四匹、源省進硫黄一萬斤・丹木一千斤・犀角五本、回賜正布九百一十四匹、大郎進沉香三片・丹木一千斤・硫黄六千斤・胡椒一百斤、回賜正布二百九十四匹、

田平省、硫黄等ヲ進ズ

志佐重ノ使人、書契ヲ持タズシテ硫黄ヲ獻ジ却ケラル

〔十一月甲午〕（十七日）禮曹啓、源義俊（澁川）使送客人及一岐州源重（志佐）使送客人所獻石硫黄九百五十斤、無書契持來、請勿收納、　從之、

九七三　慈光寺住持置文寫

○松浦史料博物館所藏小記類一

慈光寺住持之龜鑑

御厨荘慈光寺

日本國肥前州松浦下郡御厨庄永照山慈光禪寺住持職之事、

三河守源德

右茲地者、海隅叢刹、雖非匡徒領衆之地、適月舟淸長老并笑叟慶大師、結檀度之勝緣、當處總管三河守源德等、酬外護之深志、加之老衲於于此處接取三兩輩之間、至于今非可捨之處、然則他時異日、嫡々相承之徒弟等嗣法次第、逐一回輪番、以守令法久住之旨、永可補修者乎、若違此旨之輩、於于法子法孫、全不可永照之餘列者也、仍不朽之狀如件、

時應永卅一年甲辰正月十一日 朱印 朱印 朱印

住持無雜叟誌之、（花押影）

嗣法次第

長法寺日景　妙德寺天性　牧　放牛　大通寺雪山　東禪寺字明

大招菴乾室　○繁茂林　寶藏寺江月　○哲明藺　壽福寺月舟

長壽寺天宅　融處菴主

○宛陵寺文書

九七四　松浦進寄進狀寫

松浦進、宛陵寺ニ田地三段ヲ寄進ス

於宛陵寺（肥前國松浦郡）　松浦丹後守進

新寄進、爲天長地久・子孫繁昌、田地所々（有田内大木）一所（長田二段）、同一所（二俣瀨）一段、已上參段ハ〔か〕定也、

右、進の依志趣、雖尫弱之地奉播候、於後々彼宛陵寺事、就萬端何可有御奔走候、仍為末代寄進如件、

應永卅一年甲辰卯月　日　　松浦丹後守進(花押影)

九七五　松浦進寄進狀寫　○宛陵寺文書

松浦進、今後田地出來セバ重ネテ寄進スベキ旨ヲ約ス

今度雖少分候、進か代々新寄進仕候、餘以尫弱子細之間、所詮、此後自然田地出來候者、重々可奉寄進候、更々以不可有違變儀候、仍為後日重而一筆如件、

應永卅一年卯月日　　松浦丹後守進(花押影)

(肥前國松浦郡)宛陵寺へ

進之候、

九七六

○朝鮮王朝實錄　世宗六年（應永三十一・一四二四）

田平省ノ後室融仙、金源珍ヲ朝鮮ニ遣シ省ノ死ヲ告グ

〔五月甲午（二十日）〕日本國肥州田平寓鎭（駿）海州太守原（源）省後室融仙、使人獻土宜、仍致書于禮曹曰、惟我夫子、雖產于異域、致隣敬之儀世世不怠、不幸去年身故矣、貴朝民十二名漂流來、妾豈忘先夫通好之禮乎、速整船隻、令熟使源（金）珍護送之矣、禮物丹木一百斤・胡椒五斤、禮曹佐郎金塡答書曰、承書仍審太守公捐館、良深興悼、兼蒙發還本國漂流之人、敢不爲謝、回付土宜緜布一百二十四・正布二十四、

志佐重ノ使人至リ蘇木等ヲ獻ズ

〔十月丁未（六日）〕日本國一岐守源朝臣重（志佐）、使人獻蘇木八百斤・金粧飾食籠一箇・麒麟血一斤・犀角一箇・銀磨付扇子十本・藤子五十本、回賜正布一百五十匹、

九七七

○朝鮮王朝實錄　世宗七年（應永三十二・一四二五）

壹岐知主志佐重ノ使人至ル

〔三月乙未（二十五日）〕日本一岐州知主原（源）朝臣重（志佐）、遣人獻土物、回賜正布一百三十匹、

日本國王使、松浦孫三郎等ノ返還ヲ請フ

倭案

〔五月庚午〕（一日）日本國王使送上官人中兊私請、對馬舟越人源三郎・太郎四郎・對馬西泊人衞門四郎・筑前州博多人巖次郎・對馬西泊人慶珣首座女妙仁・子乙王・志高浦兵衞四郎・鶴房坂浦左衞門四郎・伊勢房・土依次郎三郎・肥前州松浦孫三郎・對馬志高足常祐・伽羅洲女・悳等十四名、曾被留貴國、今欲率還本土、上命兵曹、考倭案刷還、

田平省ノ後室融仙、左衞門五郎・衞門太郎ノ返還ヲ請フ

倭案

〔十月辛巳〕（十六日）禮曹啓、今駿州太守（田平省）後室融仙、請還左衞門五郎・衞門大郎等二名、請考其倭案刷還、從之、

九七八　源教充行狀案

○吉永文書

源教、管城社惣檢校一町ヲ吉永氏女大とくノ母ニ充行フ

壹岐國（石田郡）管城社惣檢校一町之事、

吉永氏女大とくの母御前に所充行也、御公事以下は、任先例可有其沙汰、かやうに申候共、社家諸事之御公事無沙汰に候ハヽ、何時も一町給をおさへ可申候、仍後日之狀如件、

應永卅四年二月廿九日　（源）教判

（花押影）

九七九　松浦進寄進狀寫（折紙）

○宛陵寺文書

松浦進、宛陵寺ニ屋敷ヲ寄進ス

仍御意ニきしん申やしきの事、
（肥前國松浦郡）
ゑんれうしのもんせんはやしとのゝ屋しき、此間めうきんの□ち、ことく（悉皆）しつかいきし
ん申候也、仍爲後一ふて進し候、

應永卅二年五月十五日

（松浦）
進（花押影）

（奥裏書）
「ゑんれうしへ

進之候

進」

九八〇

○朝鮮王朝實錄　世宗九年（應永三十四・一四二七）

壹岐知主志佐重ノ使人、大般若經・圖書等ヲ賜ハル

（十三日）
〔正月壬寅〕日本國一岐州知主源朝臣重（志佐）、使人求般若經、且請重字印、仍獻土物、硫黃二千斤・檀香一百斤・龍腦五兩・黃岑五斤・陳皮一十斤・檳榔三斤・赤銅五十斤・大刀五腰、

回賜大般若經一部・圖書一顆・正布八十三匹、

松浦ニ僑居セル源昌明ノ使人至ル

〔正月壬寅〕(十三日)肥前州松浦僑居源臣昌明(朝脱カ)、使人獻土物、硫黃二千斤・南木香二斤・赤銅五十斤・龍腦三兩・胡椒五斤・折卓一脚・菓子盆十片・大盆一片、

九八一　宗貞盛書狀寫※

○斑島文書寫

宗貞盛、筑前内野ノ事ニ就キ佐志寺田氏ニ翰ス

如仰仲春之御慶、漸雖申舊候、猶以珍重〳〵、

抑連々可令申候處、莵角取亂候而、乍存候非本意候、每度御念比示賜候條、令悅喜候、隨而依內野事度々承候、今程公私取亂子細候間、則不能御返事候、如何樣其子細窺候而、御左右可申候、於御身聊不可有等閑之儀候、委細御使令申候間、令省略候、恐々謹言、

貞盛(宗)(花押影)

二月卅日

佐志寺田殿御返報

九八二　宗貞盛書狀寫※

○斑島文書寫

宗貞盛、内野ニ就キ翰ス

尙々此間無沙汰之至、所存之外候、

御札委細令拜見候了、如仰一日御入候條、令悅喜候、驪進人御禮可申之處、每事取亂候而、延引恐入候、如何樣今明間以使者可申入候、兼又内野間事承候、伺候て早々御左右可申入候、聊不可有等閑之儀候、恐々謹言、

七月十八日　　　貞盛（宗）（花押影）

御返報

九八三

○朝鮮王朝實錄　世宗十年（應永三十五・正長元・一四二八）

宇久鋭、書ヲ禮曹ニ送ル

〔正月乙未（十二日）〕日本國雲州太守源鋭（宇久）致書禮曹云、十有餘年絶音信、恐忘禮義、故專使節、奉獻不腆之物、禮曹答書云、不忘舊好、專使來獻禮物、良用嘉尙、將正布五百四匹、就付回价、肥後州太守藤元（菊池兼朝）調致書云、我國兩三年有兵革之虞、故怠於通好之禮、今準先禮奉獻不腆之物、禮曹答書、回賜正布四百二十三匹、肥前州太守源貞致書曰、僕自幼得見先考致通

肥前守源貞、書ヲ禮曹ニ送ル

田平省後室融仙、書ヲ禮曹ニ送ル
兩三年兵革息マズ
被拘留人ノ送還ヲ需ム

好之儀、僕則怠於隣敬、聊改過以獻不腆之物、禮曹答書云、善繼先志、益修舊好、良用爲佳、姑將正布九十七匹、就付還使、駿州大守源省(田平)家室融仙致書云、我國兩三年兵革不息、人物騷動、怠乎隣敬之儀、今準先禮奉獻不腆之物、以修舊好、又先年所逋留我民左衛門五郎・右衛門大郎、竝望送還、禮曹答書云、所諭人口推刷發還、仍將正布七百十七匹、就付來使、

田平省後室融仙ノ使人、貿易ヲ許サル

〔正月戊申(二十五日)〕禮曹啓、融仙所遣人孫六、欲以鑞鐵・布貨易鉢螺・風爐・磬子等物、請令工曹鑄給、從之、

壹岐ノ藤七ノ父ハ朝鮮ノ產
志佐重、藤七ヲ執事ニ使フ

〔二月甲寅(二日)〕一岐州本居浦寓住藤七致書曰、僕雖生日本、我父便是貴朝之產也、僕常欲趨拜貴朝、然一岐知主(志佐重)、使僕執事、未得寸暇不遂素志、若明年有暇日、則當入朝矣、仍獻土物、回賜正布九十二匹、

〔二月己巳(十七日)〕禮曹啓、宗貞盛使送宗大郎告云、本島地皆巖石、未嘗業農、惟以葛根・橡實爲食、生理甚艱、欲以魚鹽買穀、來泊乃而浦、因無和賣者、至今未還、請令和賣、俾得連

早田六郎次郎、壹岐島・上下松浦ノ賊情ヲ告グ

命、左衞門大郎(早田)子六郎次郎告云、我輩探候對馬島及一岐州・上松・下松等處賊人聲息、盡心禁禦衆所共知、且諸處使送興販船艘、遭風渰沒、殆將饑饉、請加憐活、宜賜宗貞盛米豆各一百石・燒酒三十瓶、左衞門大郎米豆幷五十石・燒酒二十瓶、其魚鹽興販、則依政府受判、若無自願和賣者、以沿邊各官國庫陳米豆、貿易其所易魚鹽於自願人民和賣、從之、

太宗ノ時大内殿三島ヲ伐チ朝鮮ニ功アリ

〔五月癸亥(十二日)〕視事、禮曹判書申商啓、今來宗貞盛所遣人、願受田爲氓、上問贊成權軫曰、太宗時亦有如此者乎、軫對曰、大內殿伐三島有功於我國、以完山爲本鄕、請受田爲氓、諫院上疏以爲、倭人請居邊境、其計難測、不可許、乃止、上曰、誠然矣、

鹽津留英ノ使人至ル

〔七月庚申(十日)〕日本源英(鹽津留)、遣人獻土物、回賜正布三十匹、

源貞ノ使人至ル

〔七月乙丑(十五日)〕日本國源貞、遣人獻土物、回賜正布三十八匹、

〔十一月甲戌(二十六日)〕禮曹啓、小貳殿使客、將告還、　上曰、通信使之行、當贈禮物于小二殿、禮曹判書申商對曰、小二殿所居、非我國使臣經過之地、且前者厚贈使人、以送亦足矣、

上曰、日本諸處皆贈信物、獨小二殿無之、雖非經過之地、無乃未安乎、啇曰、小二殿曾征三島、有大功於我國、今宜贈信物、

少貳殿曾テ三島ヲ征シ朝鮮ニ大功アリ

〔十二月甲申〕(七日)日本通信使大司成朴瑞生・副使大護軍李藝・書狀官前副校理金克柔發行、賀新主(足利義教)嗣位、致祭前主(足利義持)、書契曰、今因九州來使、乃知新膺景命、以正位號、不腆欣慶、爰遣臣成均大司成朴瑞生・大護軍李藝、往致賀禮、不腆土宜祗表寸忱、切希領納、惟貴國與我邦、世修舊好、未嘗少渝、今善繼善述、益敦信義、以求終譽、豈非兩國之幸歟、禮物、鞍子一面・黑細麻布・白細苧布・白細綿紬各二十匹・人參二百觔・虎豹皮各一十領・蘭草方席滿花寢席各一十張・松子五百觔・淸蜜二十斗、祭文曰、嗚呼惟靈、好善有誠、保釐桑域、以育民生、昔嘗修講以信以睦、發還俘虜、且禁草竊、謂當永世愈久愈篤、豈意、一朝幽明奄隔、訃音初至、不勝痛悼、山海阻脩末由遽吊、聊薦薄奠、辭以敍哀、靈其不昧、諒予至懷、祭具、白細苧布・黑細麻布各二十匹、禮曹致書對馬島宗貞盛曰、今我　殿下、聞日本殿下嗣位、遣使致賀、惟撥船護送、賜米二十石・白細緜紬白細苧布各三匹・雜彩花席五張、致書左衞門大郞(早田)、賜白細苧布五匹・燒酒三十瓶、致書九州西府少貳藤公(滿貞)及九州都元帥源公(澁川義俊)等、各賜白細緜紬白細苧布各五匹・彩花席十張・豹皮一張・虎皮二張、致書一岐州

日本通信使朴瑞生等發行ス

足利義教ノ嗣位ヲ賀シ同義持ヲ弔フ

祭文

志佐重・佐志胤、禮曹ノ返書ト賜物ヲ賜フ

志佐源公(重)及佐志(胤)、各賜白細緜紬白細苧布各五匹・雜彩花席十張、致書大内多多良持世、賜白細紬・苧布各十匹・彩花席十五張・豹皮二張・虎皮四張、

九八四

○朝鮮王朝實錄　世宗十一年（正長二・永享元・一四二九）

乃而浦ニ來居セル三島倭人ニ對スル課税ヲ議ス

〔三月丙寅(二十日)〕判府事許稠啓、三島倭人來居乃而浦等處、興販資生者頗多、請收其税、上曰、自己亥(世宗元年)年以後、非唯商船不通、倭客亦不相通、近來始來興販、不必税也、知申事鄭欽之亦啓、收税商倭、實未可也、上曰、其問興販倭人之數於萬戶・處置使以聞、

志佐重、書ヲ議政府ニ送ル大般若經ノ賜與ヲ謝ス

〔四月乙未(二十日)〕一岐州志佐源朝臣重致書議政府曰、久修隣好、通信上邦、舊盟不渝、忠懇無私、前年爲求大般若經、辱達台聽、最荷厚恩、兼賜銅印、不任喜謝、吾州一兩載干戈未息、不稼不穡、民已餓殍、願賜米・豆若干斛以賑吾民、且望虎豹皮・紬緜等物、仍獻土宜、禮曹答書、回賜正布二十匹、

田平省ノ後室融仙、書ヲ禮曹ニ送ル

〔六月癸巳(十八日)〕日本駿州太守源省(田平)後室融仙、致書禮曹云、我先君、嘗建佛宇、願賜大般若經、

仍獻土物、回賜正布一百三十八匹、

鴨打傳ノ使人至ル

〔九月辛亥〕(八日)日本河州太守源(鴨打)傳、遣人獻土物、回賜正布三十七匹、

田平省後室融仙ノ使人至ル

〔九月辛亥〕(八日)源(田平)省後室融仙、遣人獻土物、回賜正布七十四匹、

日本通信使朴瑞生復命ス

壹岐・平戸等ハ赤間關以西ノ賊

壹岐・平戸等ノ島ハ志佐・佐志・田平・呼子等ノ殿分治ス

〔十二月乙亥〕(三日)通信使朴瑞生、具可行事件以啓、一、臣到日本、自對馬島至兵庫、審其賊數及往來之路、若對馬・一岐・內外大島・志賀・平戸(肥前國松浦郡)等島、赤間關以西之賊也、四州以北竈戸・社島等處、赤間關以東之賊也、其兵幾至數萬、其船不下千隻、若東西相應一時興兵、則禦之難矣、其西向之路、則對馬島爲諸賊都會之處、赤間關是四州諸賊出入之門、如有西向之賊、宗貞盛下令其民不許汲水、大內殿下令赤間關禁其西出、則海賊不得往來矣、且志賀・竈戸・社島等賊、大內殿主之、內外大島、宗像殿掌之、豐後州海邊諸賊、大友殿治之、一岐・平戸等島、志佐・佐志・田平・呼子等殿分任之、使彼諸島之主、嚴立禁防、則賊心無由啓矣、大抵其俗不知禮義、小不合意、不顧其身、雖御所之命拒而不從、由此觀之、修好御所、雖爲交鄰之道、而於禁賊之策、猶緩也、且日本有所求、則遣使請之、如無所求、

厚往薄來ヲ禁賊ノ策ト爲サン

壹岐島ニ飢饉アリ

雖賀新吊舊之大節、漫不致禮、今臣等奉命而至、接待亦不以禮、恐因其國舊史所書而然也、願自今、國家不得已之事及報聘外、不許遣使、而於上項諸島之主、厚往薄來以悅其心、間或遣使敦諭至意、以爲禁賊之策、○中略 一、倭賊嘗侵略我國、虜我人民以爲奴婢、或轉賣遠國俾不永還、其父兄子弟痛心切齒、而未得報讎者、幾何人乎、臣等之行、每泊舟處、被虜之人爭欲逃來、以其主枷鎖堅囚未果、誠可愍也、日本人多食少、多賣奴婢、或竊人子弟賣之、滔滔皆是、一岐島、今因兵亂穀盡食絕、明春尤飢、若不爲盜、則賣人營生者益多矣、近因我國之禁、來賣沿邊者絕矣、竊念、以直報怨、古今之通誼也、彼既虜而使之、我當買而賊之、願自今男十歲・女二十歲以下皆許來買、又令適日本者、皆得買來永爲奴婢、以示爲民報仇之義、若曰聚居沿邊、恐爲後患、則許傳賣深遠處、勿令居海邊、命下禮曹、與政府諸曹同議、議云、除不得已事及回禮使外、不許遣使、宗貞盛等處厚往薄來條、佛經整秩以備通信條、今所擧行、各道造置水車條、僉曰可試之、能修院宇僧授住持條、或言可、或言不可、通信使隨從人賞職條、僉曰、騎船軍、則比他例倍數給到、隨從人、則以來往度數量宜賞職、爲可、其餘條件、僉曰不可、命僧人賞職、勿令擧行、

九八五　源某等連署押書狀案

○青方文書

五島住人等、寄合ヒ申定ム

（前欠）

このにんしゆ（人数）かたくなけき申へく候、かく□（のカ）ことく申さため候うゑハ、□□□□□そん〱まて、この狀をまほつて（守）□□□候へく候、よて後日のためにあつしよ□□（狀くカ）たんのことし、

ゑいかう（永享）二ねん卯月十二日

ミなもと□

ミなもとの□

ミなもとのつか□

ミなもとのそ□

ミなもとの□

□

□

た□

○松浦史料博物館所蔵小記類一

九八六　佐々存寄進狀寫

佐々存、佐々浦正興寺釋迦如來ニ田畠ヲ寄進ス

○正興寺釋迦如來田畠坪付

奉寄進正興寺釋迦如來田畠坪付

一、久和石　四段目屋敷一所
一、松瀬　六段
一、藤田　五段
一、一瀬　一段
一、新開佐々　三段
一、古門　一段
一、大路傍　一段自由松
一、新開神田　四段
一、海瀬　四段在余田　同屋敷
一、立石　三段在余田　同屋敷
一、河傍　三段在余田　同屋敷

一、今里　　六段在余田　　同屋敷三个所
　葉山尻　久江河　坂下井尻　　道淸開合
一、大渡　　二段長田大路傍　　同屋敷付田
一、前岳　　七段　　同屋敷四境定
一、北薗　　五段　　同屋敷
一、葉須和　　上下二段　　同屋敷
一、門前　　屋敷　數个所
一、的場　　一所
一、前田筧口合　　一段
一、馬跡　　一段
一、中野原　　一所
一、吉田船津　　一段
一、中河原筧渡　　五段
一、又六屋敷　　一所
一、黑尾林少在

佐々地頭存

永享二年庚戌十二月十四日　佐々地頭左馬助源存

當住持比丘來遠

文明八年丙申三月十二日　肥前守（平戸）源豐久

文明十二年庚子八月十七日　（宇久）源勝

延德弐年庚戌二月廿二日　肥前守源正

○朝鮮王朝實錄　世宗十二年（永享二・一四三〇）

九八七

鹽津留英・佐志平種長ノ使人至ル

〔正月乙丑〕（二十四日）日本作州刺史小早川常賀（則平）・肥前州源英（鹽津留）・對馬島六郎次郎（早田）・一岐州佐志平種長等、遣人獻土物、回賜川（小早脫）常賀正布七十八匹、源英四十四匹、六郎次郎四十八匹、平種長一百二十九匹、

佐志胤、大内殿ニ歸順ス

〔五月戊午〕（十九日）禮曹啓、大護軍李藝言、大内殿、嘗與小二殿戰、奪小二殿筑前州之地、御所仍賜之、且賜書云、一岐州、若自相戰無統、則汝可竝奪、故佐志殿（胤）、已歸順于大内殿、而筑前州所管對馬島宗貞盛、則元不服事、小二殿之子亦來本島、故大内殿將或加兵矣、大内

所領之衆至數萬人、常備軍需兵器、故九州民同心仰戴、雖御所亦畏之、一岐州近我邊境、而威重兵强、大可慮也、然大内殿、自其祖考待我國至誠、固無所疑、若伐對馬島、則將發所管赤間關以上海賊使之攻戰、倘粮餉不繼、則賊謀難測、且四州之倭數千餘艘、常聚爲賊、若隨攻對馬賊船而來、則悉知我國海路遠近夷險、後日之變亦可慮也、今當無事之時、宜遣人審視、各浦兵船・軍器、如有不實隨卽修葺以備不虞、○中略 請將上項條件、令兵曹磨勘、從之、

禮曹、藤七ノ回船ニ因リテ志佐重・佐志胤領ノ被留人ヲ返還ス

〔十一月己亥(二日)〕宗貞盛致書禮曹、請於加背仇羅兩梁・豆毛西生兩浦捕魚、又請還左衞門五郎、皆不許、六郎(早田)次郎遣人獻土物、回賜正布二十八匹、藤七又獻土物、回賜正布四十三匹、寄書志(重)左(佐)源公云、往年貴鎭被留人彥五郎等十一名、我　殿下命本曹刷還間、適因藤七回船、仍令帶去、照名收聚、又寄書佐志(胤)源公云、往年被留貴鎭人三郎四郎等十一名、我　殿下命本曹刷還間、適因藤七回船令帶前去、惟照名收領、

金源珍、平戸ノ次郎四郎ヨリ引繼ギタル朝鮮人漂流民ヲ還ス

〔閏十二月壬戌(二十六日)〕通事金源珍回自琉球國、琉球國長史梁回謹書瑞肅、回奉朝鮮國王府執禮官足下、玆有本國人氏、乘使小船、遭風前到貴國、仍蒙奏聞賜給衣粮等物、撥在日本國飛(平)

鸞渡池囉是郎(次郎四郎)船上、適送回國、於五月初四日啓聞、我王深開怡悦、重承厚命撫遠人、按本國自先王至今、頗有貴邦流離人等、亦當轉送、宜國宜家、靡皆有望、

鴨打傳ノ使人至ル

〔閏十二月癸亥(二十七日)〕日本國河州太守源傳(鴨打)遣人獻土物、回賜正布四十二匹、肥州太守源貞致書云、兩三年間絶音信、似怠鄰敬之禮、得罪不少、願得豹皮、冀加矜賜、仍獻土物、答書云、往年貴鎭被留人乙五郎等二十名、我　殿下已令刷遣、適有金源珍之歸、仍令帶去、惟照名收領、回賜正布三十五匹、

金源珍ニ托シテ肥前守源貞領内ノ民乙五郎等ヲ返還ス

九八八　松浦進書下寫

○早田文書

松浦進、野畠一所ヲ今福歳宮大宮司ニ預ク

（前缺カ）

のはたけ一所の事、大宮司(歳宮、肥前國松浦郡)殿所にあつけ申候也、きしんにてハあるましく候、仍書下如件、

永享參年

十月九日

松浦丹後守

進(花押影)

大宮司殿

九八九

○朝鮮王朝實錄　世宗十三年（永享三・一四三一）

佐志胤・鴨打傳・松浦進・上松浦等、少貳殿ニ與シテ大内殿ト戰フ

〔八月癸卯〕（十一日）藤次郎致書禮曹云、今九州爭亂、大内殿將兵七百三十名屯波蘭多（博多カ）縣、小二殿之子亦率兵、與草野殿・左（佐）志殿（胤）・鴨打殿（傳）・丹州殿（松浦進）・上松浦等、同力相戰、大内殿・數見殿・馬音波殿等勇士二十一人戰死、多由殿中矢而逃、

九九〇　少貳嘉頼書狀寫

○仁位郡御判物寫　嵯峨村給人佐伯津右衞門所持

松浦一家中、少貳嘉頼・宗貞盛ニ合力ス

祝儀重疊雖事舊候、尙以不可有際限候、兼又豊後之事、於所々被取組候、肥後事も別陳（陣）之事候、此方面々日夜無油斷致辛勞候、此時分刑部方被渡海候、樣々如何ニも〳〵面々故實候者悅入候、貞（宗）盛罷渡候者、松浦之一家中も別而可奔走候、是程之了見者、催促までもなきかと覺候、兩家申談、弓箭於被立候處可奔走、方々無其實時者、よそのさいそくも難申候、萬事面々了見之敷（マヽ）候歟、諸事江上入道可申候、恐々謹言、

（永享四年）三月四日　　　　嘉頼（少貳）判

宗美濃介（茂正カ）殿

豊田将監入道（浄節）殿

九九一

朝鮮、日本ノ諸勢力ニ回聘ス

○朝鮮王朝實録　世宗十四年（永享四・一四三二）

〔七月壬午（二十六日）〕遣上護軍李藝・護軍金久冏、回聘于日本、答國王書曰、我兩國世修隣好、常敦信義、今又專使報聘、喜慰喜慰、所惠禮物、敬已領受、玆遣臣李藝等往申謝意、不腆土宜及所示藏經、俱在別錄、切希領納、中國板印大藏經二部・白緜布幕一座・白布帳二條・雜彩花席袂地衣一副・黑細痲布白細苧布各二十匹・白細綿紬三十匹・滿花方席滿花席各一十張・雜彩花席二十張・虎豹皮各一十領・藍紅斜皮各五領・人參一百斤・松子四百斤・清蜜二十斗、禮曹致書大內多多良公曰、今者貴國殿下專使修好、我　殿下差人回禮、冀拔船護送、不腆土宜、白細緜紬苧布各一十匹・雜彩花席一十五張・豹皮二領・虎皮四領、致書九州都元帥源公（澁川義俊）如右、贈白細緜紬苧布各五匹・彩花席一十張・豹皮一領・虎皮二領、致書關西道大友源公、贈白細緜紬苧布各五匹・雜彩花席一十張・豹皮一領・虎皮二領、致書左

佐志平公、書面ト下賜品ヲ贈ラル

武衛源公(斯波義淳)曰、我國人民曾爲寇賊劫掠、轉傳鬻賣散居九州等處、父子懸望爲日久矣、惟冀啓達殿下推刷發還、土宜、白細緜紬黒細麻布各一十五匹・雜彩花席一十五張・豹皮二領・虎皮四領、放回拘留對馬・一岐等處住人男婦共二十三名、致書西海路一岐州太守佐志平公、贈白細緜紬苧布各五匹・雜彩花席一十張、致書對馬州右馬助宗貞澄、贈白細緜紬苧布各三匹・雜彩花席五張、致書對馬州太守宗貞盛、贈白細緜紬苧布各五匹・雜彩花席十張、刷還被留男婦共六名、

九九二　覺契狀案

○青方文書

白魚一跡ノ事祐覺知行スベシ

しろいほ一せきの事、ちや□□のおやこふちう(不忠)ニよて、そのあ□□□てん候ぬ、しかるにくしんちき(愚身カ)□□(やうカ)すへく候へとも、ゆうかく心□□しんせつ(深切)ニ候あひた、しはらく□(ちカ)きやう候へと申て候、いま二郎四郎はうニゆうかく申つけられ候うゑハ、身においてもいさゝかとうかんあるへからす候なり、

覺(花押影)

永享五年十月十七日

白魚二郎四郎殿

九九三　某預状案※

○青方文書

白魚三郎次郎ノ具足ヲ預ク

（端裏書）「しろいをのほうし」

しろいおの三郎次郎かきくそく（具足）一りやう、かふと（兜）・ほうあて（頬當）・こんはいたて（脛楯）・すねあて（臑當）、す□（きカ）のうらのさこの四郎殿ニあつけ候、ふるほく（古反故カ）ニそへ候、

六月十一日　伊勢（花押影）

ほうし

九九四　沙彌某書状※

○青方文書

いまたけさん（見参）ニもまかり入□（不カ）申候、うけ給事候ハねとも、御□さかひならひにおうたの□きやうつかまつり候、きや□ハひんきの時ハ、申候ハす□、御同心ニ候ハ、為悦存候、兼又□に代官をくたし候、申入□きこしめされ候ハ、悦存候、□れうゑん（遼遠）のあいた、よろつ□ハまかなく候、少々の事ハ□にあつかり候ハ、尚々悦入候、□期

白魚氏

後信候、恐々謹言、

九月廿日　　沙彌［ ］

謹上　白魚殿

九九五　○朝鮮王朝實錄　世宗十五年（永享五・一四三三）

平戸義ノ使者至ル
義ハ田平省ノ女子ノ夫

〔十二月丙子〕(二十七日)禮曹啓、今者肥前州太守源義(平戸)使者出來、此素非通信之人、然田平殿源者〔省〕女子夫也、且有土地之人、依他館待京中、從之、

九九六　○滿濟准后日記

幕府、唐船警固ノ御教書ヲ上松浦・下松浦ノ住人等ニ遣ス

唐船奉行

(永享六年正月)廿三日、陰、就唐船警固事、可被成御教書方々へ、自山名方(時熙)注折紙進之間、則以正藏主申入處、又以正藏主被仰、此折紙人數方へ御教書事、早々可申遣管領方(細川持之)云々、仍以宗辨上座申遣管領了、可申付奉行之由返答、折紙人數交名山名禪門(時熙)持參、上松浦・下松浦肥田・但馬、千葉・大內・嶋津奧州(忠國)・同伊集院孫三郎・菊池、以上七人、唐船方奉行飯尾大和守(貞連)・同加賀(飯尾爲行)

守被定置云々、今日兩人參申壇所了、〇後略

○滿濟准后日記

九九七

四國・備後ノ海賊、肥前小豆島ニ向フ
壹岐・對馬ノ者共、唐船來朝時ニ狼藉ヲ致サントス

（永享六年正月）
卄日、晴、〇中略以飯尾大和守（貞連）被仰、唐船來朝時警固事、四國海賊共幷備後海賊等、各罷向小豆嶋邊（肥前國松浦郡）、壹岐・對馬者共不致狼藉樣、能々令警固、可令着岸由、管領（細川持之）幷山名（時熙）兩人方へ可仰遣云々、今日御德日間、明日可申遣旨御返事申入了、一重太刀賜大和守了、〇後略

○滿濟准后日記

九九八

明人、海賊船ニ就キ三箇條ヲ訴フ

（永享六年六月）
十七日、晴、〇中略自管領（細川持之）以使者、安富筑後守（智安）、唐人官人等訴訟申入事三个條在之、
一、賊船事、自今以後堅御停止、第一唐朝大慶也、爲賊船用心、不斷置警固之條、唐朝煩、萬民歎此事云々、
一、賊船ニ被取唐人共、都鄙ニ散在歟、被召集悉可被歸唐之條、可畏入云々、
一、來八月中早々可歸唐仕、如然可被仰付云々、

此由、赤松入道（滿祐）同道仕令披露處、悉可有御下知也、就其賊船事ハ、壹岐・對馬者共專致其沙汰歟、此兩島大略少貳被官歟、然者可被仰付少貳事也、但少貳事、既去年以來被成治罰御敎書、被差向御勢事也、然只今又此御敎書可被成遣之條、御所存外之由被仰出候間、赤松入道相共、依此御敎書不可有御免之儀事候間、不可有苦之由存候、可被成御敎書於少貳方之由、再三雖申入候、同篇御返事、所詮、此子細可申談門跡（滿濟）之由被仰出候、可爲何樣候哉云々、予對謁了、重事奏者等定可申謬歟、愚意趣如上意、被成治罰御敎書、只今モ既被差向御勢事候、此御敎書事ハ、可有如何哉、上意尤之由存候、所詮、對馬一國事ハ、少貳內者宗家者共知行仕歟、彼等中へ可被成御敎書條、可宜哉、但上意幷面々可爲御料簡候、壹岐事何者知行哉、不分明候、若下松浦者共過半知行候歟、然者是モ少貳方者候歟、御敎書可爲同前歟之由申了、○後略

壹岐・對馬ハ大略少貳ノ被官カ

壹岐ハ下松浦者共過半知行スルカ

○朝鮮王朝實錄　世宗十六年（永享六・一四三四）

九九九

〔六月辛酉（十六日）〕倭人藤好久・源朝臣（佐志）胤等、使人來獻土宜、

佐志胤ノ使人至ル

平戸義ノ使人至ル

〔六月甲子〕（十九日）倭人源義（平戸）、使人來進土宜、

佐志胤、書ヲ禮曹ニ呈シ米ヲ請フ

〔六月丁卯〕（二十二日）一岐守源朝臣胤（佐志）、呈書禮曹請米、禮曹啓、九州人賜米不可開端、只給進上回奉除賜米、從之、

一〇〇〇

○朝鮮王朝實録　世宗十七年（永享七・一四三五）

志佐重ノ子千代若ノ使人至リ粮米ヲ請フ

〔四月丁未〕（六日）日本九州志佐殿源茂（重）子千代若、遣人來獻土宜、仍請粮米、禮曹啓、一岐・九州等處居人賜粮、未可開端、上從之、只賜回奉物件、

志佐千代若ノ使人至ル

〔四月丁巳〕（十六日）源（志佐）代若（千脱カ）所送人及野人千戸金巨波等三人、來獻土物、

平戸義ノ使人金原珍等至リ朝鮮諸島ニ於テ船材ノ伐取ヲ請フ

〔八月乙卯〕（十六日）日本國肥州太守源義（平戸）、送金原珍等八人、來獻土宜、仍請於本國諸島、伐取船材、令禮曹答以、材木因造船殆盡、未得塞請、

一〇〇一　室町幕府管領細川持之奉書案　○足利將軍御內書幷奉書留

細川持之、渡唐四號船ノ事ニ就キ平戸義ノ勞ヲ賞ス

一、御船歸朝無爲無事、誠目出候、仍就四號船事、每事御煩難申盡候、連々無御等閑之條、悅入候、巨細安富筑後守(智安)可申候也、恐々、

(永享八年カ)八月九日

松浦(平戸義)肥前守殿

一〇〇二　室町幕府管領細川持之奉書案※　○足利將軍御內書幷奉書留

細川持之、平戸義ニ領國內ノ確執ヲ止メンコトヲ促ス

一、就國之弓矢事承候趣、則令披露候處、早々可止確執之儀之由、被仰付大內修理大夫(持世)候了、仍被成下御奉書候、目出候、若猶以致緩怠候者、追而可被加御退治之由、被仰出候、旁以御面目之至候、恐々、

九月廿三日

松浦(平戸義)肥前守殿

一〇〇三　下松浦住人等一揆契諾状

○來島文書

書替□〔候カ〕條々、

一、就公私、自今以後可爲一味同心□〔候〕、

一、此人數、對他所自然時者、如身上各々可致奔走候、

一、此人數、一揆中ニ子細候者、任理非可致了簡候、如此申定候上者、所務・推〔雜〕務前堅可申談候、

若此條僞申候者、

八幡大井御罸可罷蒙候、

永享八年丙辰十二月廿九日

木下　健（花押）

一部　理（花押）

大嶋　湛（花押）

加藤　景明（花押）

加藤　景貞（花押）

佐々　存（花押）

下松浦住人等、一揆契諾ヲ結ブ

木下氏

一部氏

大島氏

加藤氏

加藤氏

佐々氏

田平氏
津吉氏
平戸氏

田平
弘（花押）
津吉
治（花押）
肥前守
義（平戸）（花押）
（花押）

一〇〇四

○朝鮮王朝實錄　世宗十八年（永享八・一四三六）

佐志胤ノ使人至ル

〔六月丙午（十一日）〕宗貞盛所送左衞門三郎等三人、源（佐志）胤所送梵悅等八人及故藤七子藤九郎等七人、來獻土宜、

一〇〇五　山口彌三郎等連署讓狀案

○青方文書

山口氏ノ所領ヲ白魚三郎二郎ニ讓ル

やまくち殿のしそくや三郎殿しそんなきによつて、おん阿（穩）ミたふのおき状のまゝ、しろいほの三郎二郎殿にゆつり候事しつなり、しゝそん〳〵ニまてにいたるまて、ちきやうある

白魚三郎二郎ニ子孫ナクバ鮎河氏ニ譲ルベシ
山口氏ヲ居屋敷ニ養フベシ

へく候、もし三郎二郎殿のしそんなくハ、あゆかわ殿にゆつるられ（マヽ）候へく候、浦中ニたれく〵ちきやう候共、山口殿を一人いやしきに御そたてあるへく候、よて五（後）日のためにゆつり状くたんのことし、

ゑいきやう九年三月八日

山口氏

山口のや三郎（花押影）
さつく（授）（花押影）
きよし（清）（花押影）
たうしせん（花押影）

鮎河氏

のふる（鮎河延）（花押影）
あつむ（集）（花押影）

青方氏

す〵む（青方進）（花押影）

一〇〇六

○朝鮮王朝實録　世宗十九年（永享九・一四三七）

佐志胤ノ使人至ル

〔二月庚寅（三十日）〕（二脱カ）岐佐志（胤カ）殿及對馬州宗茂直、遣人來獻土宜、

〔十二月丙子(十九日)〕御勤政殿受朝、斡朶里童阿下大・童所老帖木兒等來、獻馬、阿下大凡察子也、所老帖木兒於虚里子也、宗貞盛遣衛門大郎等二十一人・宗金遣六郎二郎等九人・源義(平戸)遣又四郎等十五人・宗茂直遣兵衛四郎等六人・佐志胤遣藤次郎等七人、來獻土宜、

平戸義・佐志胤ノ使人至ル

一〇〇七　松浦清寄進狀寫

○早田文書

松浦清、今福歳宮ニ田地ヲ寄進ス

(端裏書)「きしんしやう」　「早田ちふ(治部)」

こゝろさしいさくによつて、としのミや(歳宮)(肥前國松浦郡)にきしん申候てんちの事、

一所かわら廿もん

一所なるてゐ卅もん

一所いしまち廿もん

永享十ねん正月十九日　清(松浦)(花押影)

としのミやのきしん上(状)

一〇〇八

佐志胤ノ使人至ル

〔正月辛丑〕（十六日）御勤政殿受朝、愁濱江兀狄哈者郞哈等二人・日本肥州佐志源（胤）所遣皮古時老（彦四郎）等二人、來獻土宜、

志佐男壽丸ノ使人至ル

〔六月乙亥〕（二十三日）一岐州志佐男壽丸遣彦大郎等四人・六郎次郎（早田）遣延守等四人、來獻土宜、

佐志胤ノ使人至ル

〔六月戊寅〕（二十六日）日本石見州周布兼貞遣道山等六人・佐志源胤遣汝阿圭等六人・源持直（大友）遣所阿彌等六人・源道鎭（澁川滿頼）遣聖育等三人・宗貞盛遣七郎左衞門等二人、來獻土宜、

佐志胤ノ使人至ル

〔七月丙戌〕（四日）佐志源胤遣彦左衞門等三人・宗貞盛遣左衞門四郎等六人、來獻土宜、

佐志胤ノ使人至ル

〔七月戊戌〕（十六日）對馬島宗貞盛遣左衞門四郎・宗茂直遣孫四郎等四人・佐志源胤遣五郎四郎等四人・周布兼貞遣次郎左衞門等、來獻土宜、

佐志胤ノ使人至ル

〔八月癸丑(二日)〕宗貞盛遣八郎兵衞等二人・佐志源胤遣次郎左衞門等六人・宗茂直遣五郎左衞等二人・六郎次郎(早田)遣八郎等二人、來獻馬、兀良哈都指揮劉卜兒看子仇羅等二人、來獻土宜、

佐志胤ノ使人至ル

〔九月癸未(二日)〕宗貞盛遣左衞門四郎等七人・宗彦七遣五郎左門衞(マヽ)等三人・佐志源胤遣善求等五人・宗茂直遣延柱等六人・藤熙久(伊集院)遣六郎等四人、來獻土宜、

佐志胤ノ使人至ル

〔九月己丑(八日)〕佐志源胤遣善林等二人・石見州周布兼貞遣三郎兵衞等二人、來獻土宜、

志佐殿・佐志殿・田平殿ノ使人ハ宗貞盛ノ文引無クバ接待ヲ許サズ

〔九月己亥(十八日)〕議政府啓、今遣李藝至對馬州、與宗貞盛已定約束而來、乞自今、對馬州宗彦七・宗彦次郎・宗茂直・萬戸早田六郎次郎及一岐志佐殿・佐志殿・九州田平殿・大友殿・薩摩州・石見州等諸處使送人、如無貞盛文引、不許接待、對馬州人、因請人口而來、八月以後出來者、亦勿接待、然過海之粮卒然不給、則必致怨恨、姑給米毎船三石、從之、

以前ハ壹岐ノ使送ニ二十日粮ヲ、佐志殿・平戸義ノ使送ニ三十日粮ヲ賜フ

〔九月庚戌(二十九日)〕議政府啓、前此諸島倭人例給過海粮以送、宗貞盛・宗茂直所送人、則給十日粮、一岐州所送人、則二十日粮、佐志殿所送人、則三十日粮、九州宗金所送人、則四十日

富山浦ヨリ佐志殿・志佐殿ハ五日程ニ、平戸義ハ六日程ニ居ス

粮、肥州大守源義〔平戸〕所送人、則三十日粮、石見州周布兼貞所送人、則二十日粮、薩摩州藤原〔伊集院〕熙久所送人、則九十日粮、然今參詳、自我國富山浦、至對馬州北面、順風則一日程、宗貞盛・宗茂直所居處二日程、一岐州四日程、佐志殿・志佐殿五日程、肥州原〔源〕義所居六日程、九州宗金所居七日程、石見州周布兼貞及藤觀心〔周布兼仲〕所居十三日程、薩摩州藤熙久〔伊集院〕所居十五日程、

佐志殿・志佐殿・平戸義ニ給フ粮數ヲ減ズ

其給粮之數過多、將爲難繼、宜量減其數、佐志殿・志佐殿給二十日粮、肥州十五日粮、九州二十日粮、石見州・薩摩州及大友殿所居豐後州、竝三十日粮、對馬州仍舊、從之、

一〇〇九

○朝鮮王朝實錄　世宗二十一年（永享十一・一四三九）

〔正月庚辰〕〔一日〕　上率王世子及文武群臣、行望闕禮、御勤政殿受王世子及群臣朝賀、諸道進箋進方物、忽刺溫指揮都里也老奴好・骨看于知哈指揮時仇時方哈、吾都里千戸甫古老・吾郎哈指揮都時於古老甫老波乙大麼古等三十五人、倭人石見州周布兼貞所遣僧道山・佐志源

佐志胤ノ使人元日朝賀ニ臨ム

胤所遣汝阿圭・源持直〔大友〕所遣所阿彌多甫等十八人、隨班獻土物、

〔四月丁亥〕〔十日〕　上以誕辰御勤政殿、受王世子及文武群臣朝賀、諸道進箋及方物、宗貞盛所遣

吾難而羅等二十人・藤觀心子（周布兼仲）兼貞（周布）所遣所預等三人・道姓所遣吾羅而羅（五郎次郎）等八人・宗茂直所遣仇羅沙也文（九郎左衛門）等二人・宗金所遣多羅時羅（太郎四郎）等九人・周布兼貞所遣延沙等二人・宗彦七所遣延沙文都老等二人・佐志源胤所遣而羅都老（次郎殿）等三人、竝隨班獻土物、

佐志胤ノ使人世宗ノ誕辰ニ臨ム

〔四月乙未（十八日）〕僉知中樞院事李藝啓、臣切審倭人受宗貞盛・宗彦七・宗茂直等書契而來者、非皆對馬島之人、間或有不事農業以盜竊爲業、付托對馬島船而來者、若受佐志殿・志佐殿・薩摩州・石見州・大友殿書契者、亦或僞造而來、姦詐之徒多方托故、其來絡繹、因此供億浩繁、丁巳・戊午年間（世宗十九・二十年）、沿邊各官米穀其費頗多、今又輸各官米穀散粮之弊亦且不小、將不勝供億、甚爲可慮、請厚賜宗貞盛・小二殿使禁斷其弊、志佐殿・佐志殿・薩摩州・石見州・大友殿等處受書契・文引詐僞者、請別遣使于大內殿、使之隨宜禁斷、下禮曹、

李藝、佐志殿・志佐殿ノ書契・文引ハ僞造カト啓ス

〔五月戊申（一日）〕宗貞盛遣都古麼豆（徳松カ）等十七人・佐志源胤遣而羅沙也文（次郎左衛門）等二人・周布兼貞遣汝毎仇羅等三人、來獻土物、

佐志胤ノ使人至ル

〔六月壬午（六日）〕御勤政殿受朝、宗貞盛所遣表阿三甫羅（兵衛三郎）等八人・佐志源胤所遣時知難都等二人、

佐志胤ノ使人至ル

随班獻土物、

○青方文書

一〇一〇　固等連署押書状案

五島住人、寄合ヒ松田氏ト青方氏ノ相論ヲ裁ク

（前缺）

□はうまつ田方この内にくわひ□（加）候て、此人數一同わひ事申□御□一同たい□ひニ候、御けん□うゑハ、いまよりのちまつ田方□をくわたてらるゝ事候ハヽ、□かくもあふ方（青）殿御はからひたる□□□（へく候カ）、もし又まつ田方ちかいめなく候□んなともいてきたり候ハヽ、□人數として、しゆんし（出仕カ）のまゝ□ひらくをいたすへく候、おなしく□たの事、せん〱のまゝのさかい□こし申され候へく候、かのちの事ハ□をにうけとり申候て、さたを□□□（いたすカ）へく候、其外しんしさかいはん□□てちかいめ候ハヽ、うけ給候て、しゆんし□をいたすへく候、□□□（よてあカ）つしよ状如件、

四至境

□（永）享十二年二月十一日

かたし（花押影）

さつく（花押影）

鮎河氏
（鮎河延）のふる（花押影）
たもつ（花押影）
しけし（花押影）
上有河氏
（上有河學）まなふ（花押影）
たうせん（花押影）

あふ方殿

一〇一一　○朝鮮王朝實錄　世宗二十二年（永享十二・一四四〇）

宇久鋭、禮曹ニ奉書シ拈頌ヲ請フ

〔七月戊申（八日）〕日本國肥前州雲州太守源鋭（宇久）、奉書禮曹、請拈頌一本、

一〇一二　松浦盛寄進狀寫　○早田文書

松浦盛、今福歳宮ニ田地二段ヲ寄進ス

寄進狀　　　　　　　　　　　　　松浦丹後守

奉寄進歳御前（肥前國松浦郡）、肥前國下松浦御廚庄今福村內上大方殿御跡野田口之貳段之事

右、意趣者、爲天長地久・弓箭名芳之也、仍寄附之狀如件、

嘉吉貳年九月五日

松浦丹後守

盛(花押影)

一〇一三　松浦盛寄進狀寫

○早田文書

松浦盛、今福歳宮ニ田地二段ヲ寄進ス

奉寄進歳御前(肥前國松浦郡)、肥前國下松浦御厨庄今福村内上大方殿御跡野田口之貳段之事

右、意趣者、爲天長地久、弓箭名芳之也、仍寄附之狀如件、

嘉吉貳年九月五日

松浦丹後守盛(花押影)

一〇一四　松浦盛書狀寫※

○早田文書

松浦盛、今福歳宮ニ百六十四文、大明神

(端裏書)「早田

伊与守殿

たんこの守(松浦盛)」

いつ物としの(歳瀬)せに進し候、年宮(肥前國松浦郡)(八カ)にゝおやこ八人のとしのセに百六十四文にて候、大明神(松浦郡)に

ニ百文ヲ進ス

に(ハカ)百文進し候、合て二百六十四文にて候、我等かおやこ、中のゝおやこ三人、しつかい(悉皆)八人かき(儀カ)、愈念比あるへく候、我等か代にハ、正月・九月ニ兩度れうそく(料足)なんと進し候、その前にて候お、としの夜つやにてきたう(祈禱)あるへく候、くわしく浦ふせん方へ申候、恐々謹言、

十二月廿七日　盛(松浦)(花押影)

一〇一五

○九州治亂記　卷之六

松浦黨、宗貞盛ト合力シテ大内持世ヲ却ク

對州の宗貞盛、少貳と一つになり、中にも自ら手を碎き、北ぐる敵を追立つ、其外松浦黨・留主・草野・日高以下、貞盛に續いて戰ひしかば、大内介持世、豐前國へ退きけり、斯くて持世は九州の軍に打負くる由、京都へ聞えしかば、明くる嘉吉二年壬戌の夏、大内新介教弘が其頃在京してありけるを、重ねて少貳退治とて、九州へ差下さる、教弘上意を蒙り、則ち七千餘騎を引率し、洛を立って馳せ下る、先陣は杉豐後守重正・陶越前守弘房なり、既に教弘の軍兵、豐前へ著船しければ、城井・長野馳せ加はり、筑前へ打入りけるに、麻生・宗像・千手・秋月以下參陣し、教弘既に二萬餘騎になりて、勢堂々と筥崎に著陣し、

上下松浦勢大内氏ニ敗ル

大内氏、松浦衆中ニ治罰ノ命ヲ發ス

先づ少貳方の城々二三箇所、不日に攻め落しけり、然るに少貳教頼は、去冬の合戰に打勝ちし後、近國の輩從ひ附きしかば、大内新介が重ねて攻め來る由を聞き、寶滿岳を本城に構へ、肥前・筑後・筑前の軍を催し集めて、太宰府に陣を取り、大内勢を待懸けけり、斯くて大内の先陣杉重正・陶弘房、同十月初、大軍を以て三笠に著陣し、少貳が太宰府の陣へ押懸け相戰ふ、少貳方朝日越前守・窪能登守・平井・草壁・上松浦・下松浦・對州の宗・壹州の日高、皆身命を抛つて戰ひしかども、大内勢雲霞の如くにて、終に太宰府の陣を討破られ、寶滿の要害をも攻め落されて、教頼を初め宗貞盛以下、悉く同十月五日、船より對嶋〔馬〕へ押渡りけり、此時、大内の家人より肥前國神崎七山の輩共へ差送りし狀に曰く、

面々御同心にて自然之時可被立御用之由、委細承候、可然御連狀之趣、可致披露候、次少貳幷對馬者共、一昨日（五日戌刻）船乘沒落候、無是非候、仍松浦衆中に、今度少々敵奔走候方々者、一途可有御成敗由、（澁川教直）探題樣被仰談候間、近日一陣可被召候、於其方自然御用候者、御奔走肝要候、時過重而可申候、恐々謹言、

十月七日　　宗　親判

神崎七山衆中

斯くて大内新介教弘は、太宰少貳を追落し、猶其殘黨退治の爲め、肥・筑兩國の際に在陣

して悉く討ち平げ、探題澁河右衛門佐教直を博多姪の濱の城に居ゑ、陶越前守弘房を筥崎に差置き、仁保加賀守弘直を太宰府へ移し、原田彈正少弼弘種・秋月中務大輔種繁を高祖・秋月兩城に籠置きて、少貳の餘類を押へ、大内介教弘は頓て防州へ歸陣しけり、

一〇一六

○朝鮮王朝實錄　世宗二十五年（嘉吉三・一四四三）

日本通信使卞孝文・尹仁甫等首途ス

〔二月丁未〕（二十一日）日本通信使僉知中樞院事卞孝文・副使上護軍尹仁甫辭、引見謂孝文曰、予知爾母年老、予於朝臣有老親者、不除三百里外守令、今遣爾者、以專對之任非人人所為、不得已耳、爾其安心往還、仍賜孝文及仁甫衣服笠靴、其賫去書契曰、念我弊邦與貴國、世修隣好、第緣溟渤阻隔、音聞不時、晚聞嗣位、喜愧交至、今遣僉知中樞院事卞孝文・上護軍尹仁甫、聊達賀悰、不腆土宜具如別幅、幸希留納、鞍子一面・黑麻布二十匹・白苧布二十匹・白緜紬二十匹・藍斜皮五領・人參一百觔・豹皮坐子一事・豹皮一十領・虎皮一十領、其祭國王（足利義教）文曰、惟靈早承先業、撫臨一國、聘問相交、隣好益篤、夫何不吊、奄爾永隔、聞訃以還、良用悼惜、爰遣使价、俾奠菲薄、英靈如在、庶垂歆格、其祭大内殿（持世）文曰、惟靈總戎巨鎭、蔚有威名、系出我國、常輸欵情、予嘉乃義、日篤不忘、忽聞訃音、良用盡傷、俾

通信使卞孝文、佐志・志佐氏ヘノ書面ト禮物ヲ托サル

陳菲薄、庸展恤章、英靈有知、庶歆一觴、令禮曹致書大内殿曰、遙聞、足下嗣受先業、欣賀良深、惟先人修好我國、終始不渝、冀足下克承先志、益篤世好、我　殿下今因通信使、不腆土宜、白緜紬十匹・白苧布十匹・虎皮坐子一事・紅氈毛象毛玉頂子鍍金臺玉壓纓兒紫綃纓全一・人參五十觔・靑斜皮三領・黑斜皮三領・雜彩花席十五張・豹皮三領・虎皮四領・淸蜜十斗・松子七十觔、聊不信意、冀領納、又令禮曹、致書于九州西府小二・左武衛（斯波義敏）・關西道大友・本國管領（畠山持國）・對馬州太守（宗貞盛）・一岐州佐志・九州松浦志佐等處、兼致禮物、

壹岐ノ船三艘中原ニ寇シ、内二艘ハ歸途西餘鼠島ニ泊シテ朝鮮船ヲ襲フ

〔六月戊申〕（二十五日）慶尙道敬差官李繼賢馳啓、乃而浦留居倭三（左衛門次郎）未而羅言、對馬島倭船二艘・一岐州船三艘、於三四月間、往寇中原、及回還、一岐州船二艘、泊西餘鼠島、遇朝鮮船一隻、殺虜其人幷奪財物、到對馬島、自相喧傳、一岐州人則已還本島、

李藝ヲ志佐殿・呼子殿・鴨打殿ニ遣シテ被虜人ノ返還ヲ求メシム

〔七月庚申〕（七日）召黃喜・申槩・河演・權踶・鄭淵・金宗瑞・辛引孫・許詡謂曰、前日召李藝、問尹仁紹回還之前先往對馬島便否、藝對曰、不待仁紹還、當先往爲便、然槍去人物在對馬島、則臣當推刷以來、若在一岐州、則必遣人於志佐殿、然後乃可刷來、如之何則可、其議以啓、僉啓曰、先遣李藝於對馬島爲便、然不宜更遣他人於志佐殿、令授藝三處書契以遣、

亦爲便益、從之時、李藝亦被召在側、仍啓曰、若往志佐殿、則當有副使、　上曰、若先遣李藝、則對馬島・志佐殿・呼子殿・鴨打殿、不可無禮物、且宜選有武略者、爲從事官及副使、其禮物有無及副使從事官幷遣與否、其議之、黃喜・河演・李叔時・鄭淵・辛引孫・許詡議曰、前日作賊、非彼人等所指嗾也、今若贈物、則彼必感德、盡心刷還矣、申槩・金宗瑞議曰、我贈物而彼若盡心刷還、則可矣、若但受禮物而不肯捜捕、則處之何如、臣等以謂、書契則不錄禮物、私賫布物、若盡捜捕則與之、否則不與爲便、其副使及從事擇送亦爲便、上曰、若贈禮物則當錄書契、不可私賫與之、副使・從事官選揀以啓、其禮物之數幷議以聞、且濟州被獲倭人、或云不待刷還我國之人而先送可也、或云先送似乎誘之不可先送、予意以謂、　大國之於小國、當待之以寬大、不可較其小節也、卿等更議以啓、黃喜・李叔時議曰、先送爲便、申槩・鄭淵・金宗瑞・許詡議曰、夷狄何可以寬大待之乎、當待我國之人刷還而後處之、不可先送也、若不還我國之人、則今被獲之倭、當分置於深遠各官、辛引孫議曰、姑留之、待我國之人刷還而後遣還、彼雖終不刷還、亦宜遣還、遂共薦軍器監正牟恂、爲副使、從之、仍敎曰、被獲之倭固當拘留、然終不遣還不可也、

〔七月辛未〕(十八日) 倭通事崔雄、賫尹仁紹事目及宗貞盛書契、來自對馬島、其事目曰、一、去六

壹岐・上松浦ノ船、中原ニ寇セシ後、西餘鼠島ニテ朝鮮船ヲ襲フ

月三十日、到對馬島傳付禮曹書契開諭、宗貞盛答曰、此島人寇掠貴國、予初未知、如今始知、本島船一艘・一岐州船一艘、往寇貴國、極爲皇恐、財産之數時未細推、人口則皆一岐州人虜去、故卽遣人、通書于一岐島主請還、若本島之賊則予更窮捜捕之、一、本島素知人密謂臣曰、初對馬島船二隻・一岐州船二隻・上松浦船一隻、於四月往寇中原沙邑部、不得粮料、飢困而還、至朝鮮之境、賊人議欲入寇朝鮮、邊沙也文（兵左衞門カ）獨曰、我乃往來朝鮮、厚蒙恩德、且島主宗貞盛誠心歸順、雖毫髮不宜掠奪、遂先回還、本島沙應（佐保）浦人時羅沙也文（四郎左衞門）船一隻

壹岐本居浦頓左衞門ノ船

及一岐州毛都里（本居）人頓沙也文船一隻、到西餘鼠島、遇朝鮮之船、殺虜人口財産而還、一、對馬島倭人等議云、今此島人等、往寇中原則已矣、島主向朝鮮至誠歸順、如此作賊甚爲不當、必須重罪以懲後人、其宗貞盛書契曰、今者聞知賊船殺虜濟州貢船、深爲惶恐、所虜男女、於對馬島則時無一名、一岐島倭人竝皆捉去事、人多喧說、故卽送人推刷、倘於本島有如此人、則將論罪捉送、向意其賊船二隻內、一隻則對馬島爽（佐保）浦接船主時羅沙也文、格人則對馬

壹岐本居浦頓左衞門・三郎五郎

島接三十一人・陸地散接三十餘人也、一隻則一岐島毛都里接船主頓沙也文及三甫羅古羅（三郎五郎）等、格人則散去他處、故未得細知、

壹岐ノ藤九郎ニ助言ヲ求ム

〔七月癸酉（二十日）〕李叔時・金宗瑞・許詡啓、臣等饋都仇羅（藤九郎）於禮曹、仍問我國人刷還之策與賊倭

捜捕之術、都仇羅答曰、貴國若爲遣使臣而往、則彼必聞之、或有逃匿、或有自死者矣、若遣一二使臣、與我同舟、直往一岐、聲言爲迎通信使卞孝文而來、使本島人無不周知、然後以其所持書契、告于志佐・佐志・鴨打・呼子殿、則四殿必從之、猶可捕也、然倭人等輕生忘死、聞之者或自死、生擒而來未可期也、且貴國被虜人、予將盡力推刷、若勢難、則予之奴僕亦幾三十餘口、以奴易之而來、何難之有、予當必刷、與使臣一時率來、　上曰、都仇羅之言甚善、其與政府更議以啓、

書契ヲ以テ志佐・佐志・鴨打・呼子四殿ニ告グレバ必ズ從ハン

〔八月戊戌〕(十六日)一岐州佐志源次郎、遣僧視音之等三人、來獻土物、書契曰、遵父祖之舊規、通聘問於上邦、伏乞仰達天聰、次郎有幼少秉國鈞以來、既十有餘載、未通和好之旨、由是渡小船遣使者、堅修同志之好、伏冀敢無渝矣、惟願、從上邦渡船辱賜隣好之旨者、吾州彌仰恩義、嚴加禁暴、永懷愛君之誠、不腆之土宜具于別幅、禮曹復書曰、貴州隣近我國、足下父祖向義納欵、修好不替、乃今足下不渝先世之美意、專人來聘復修舊好、又諭禁暴之義、兼獻禮物、誠心懇至、　殿下嘉之、特賜曰、細緜紬八匹・黑細麻布八匹・虎皮四領・雜彩花席一十張・正布二十二匹、回价付去、惟照領、

佐志源次郎ノ使人至リ書契ヲ進ム

禮曹返書ス

大内教弘、志佐・佐志ニ移文シテ、濟州島ノ朝鮮人被虜ヲ刷還セシム
壹岐本居浦ノ土主ハ呼子・鴨打ナリ

〔十月甲午〕（十三日）日本國通信使卞孝文、回至慶尙道玉浦馳啓、○中略臣等聞、一岐島倭剽掠濟州船、虜人物而來、臣等、請敎（大内）弘及光嚴、力圖刷還、敎弘等移文志佐・佐志使刷之、到博多聞、被虜男女共七名在一岐毛（本居）道浦、其土主呼子・鴨打也、臣使副使尹仁甫及書狀官申叔舟、光嚴亦令祐椿、同往索之、遂得被虜入（人）七名、到對馬島、宗貞盛欲爲巳（己）功、謂臣曰、我再三請刷、其功不小、請留三人、使我進之、臣答云、誠心至厚、我當啓達、不必自獻、貞盛固請、乃留三人、付體察使李藝而來、

一〇一七

○朝鮮王朝實錄　世宗二十六年（嘉吉四・文安元・一四四四）

呼子高・鹽津留聞・眞弓吉、倭寇ヲ捕獲ス

〔四月壬午〕（三日）諭慶尙道觀察使曰、一岐州呼子源高・鹽津（留脫）源聞・眞弓源吉等、捕獲賊倭、授伴人以送、藤九郎亦執賊倭與招撫官出來、其功不細、其宴慰酒果豐潔備辦、令與招撫官及今去宣慰別監池淨一同設宴厚慰、仍命池淨傳敎藤九郎等曰、爾等捕獲賊倭、險遠水路艱苦而來、　殿下嘉之、命我勞慰爾等知悉、

招撫官康勸善、壹岐島ヨリ回リ復命ス

〔四月己酉〕（三十日）招撫官姜（康）勸善回自一岐島啓、臣審其諸島倭人所居作賊之狀、自博多至于大內

壹岐・上松浦ハ人貧シク土地ハ狭少ナリ

呼子・鴨打・志佐・佐志等ハ遠隔ニヨリ将軍ノ令及ビ届キ難シ

呼子高・鴨打三河守源五郎、禮曹ニ復書シテ臣下ノ歸國ヲ乞フ

殿、倭人所居稠密、土地肥饒、專務農業・興販爲生、歸心我國、略無作賊之虞、對馬・一岐・上松浦等地、人居蕭條、土地褊小、且甚瘠薄不事農業、未免饑饉、恣行作賊、其心奸暴、然對馬・一岐兩島海賊經由之地、若我待之以禮、養之以厚、加於前日、則賊徒悉皆順服矣、若呼子・押(鴨)打・志佐・佐志等、彼此隔遠、難以通信、日本國王之令亦有所不及、居於其中妄自尊、大肆其暴惡、然咸願受圖書歸順我朝、請與此島主等依舊交通、往往給與粮料、仍給圖書、以備不虞、下禮曹議之、勸善又啓、大內殿館伴盧羅加都老(野仲殿)言、對馬島本朝鮮牧馬之地、大內殿欲與朝鮮夾擊、以本島歸諸朝鮮、不幸捐世、今大內殿未之知也、賜勸善衣一襲、傔人衣二領、呼子津一岐守源高・肥前州押(鴨)打三河守源五郎等、復書禮曹曰、去林鍾(六月)捕來於賊船淑女男子數人、暫旅寓於一岐之遠島、而既經數月矣、故命航舟、得得來索也、予亦不勝感激、聊敢辜負尊命乎、既於季秋(九月)而慥度與先使畢、今復重來而索先賊之徒黨也、彼徒者索居遠島之岸阿、頗乏朝暮之資爲恨、由是山海之盜賊、安身命兮奪取財物等、求索今何益乎、朝命無隱、思量其來意、逃走無邊方、難及追尋、雖然於後來若也、今賊船堅可警其敗者也、此語不虛、巾上是靑天矣、僕又所冀足下廣大慈悲、拔濟群生之苦、果何、況賊船囚留于他國乎、聞厥親類渴飢、不可勝計也、於此內、僕之臣下宗四郎・左衛門大郎・仲四郎、彼此三人、伏希早免許而還扶桑來、何幸如之哉、今又沐佳賜、不勝欣荷之至者也、

大内教弘壹岐ノ國情ヲ傳フ

大内ハ對馬ト近年不和、壹岐ヲ制スル能ハズ

鹽津留松林院實譽、禮曹ニ復書ス

實譽ハ鹽津留英ノ孫

鹽津留聞、禮曹ニ復書ス

聞、先祖英ノ跡ヲ繼グ

以此聞睿慮幸甚、防長豐築肆州太守多多良教弘(大内)復書禮曹曰、玆審對馬・一岐等州賊船、攙奪貴國貢運船、所載男婦若干・穀布若干・襍貨若干、并殺傷頗多等事、來書讀未畢、悄然不可不愧于懷、忝命下國、以刷還男婦布貨等、及切責賊徒不是、下國力所可加其緒由、則對馬與下國、不好數世、貴國人士昭昭所熟知、不足告也、一岐雖褊小、亦同列之國、不聽下國之命、若又適徹京師、則訐列國之非也、於義不可、況我國嗣、髫小莅政、一委宰臣、宰臣之制列國、不可亦如身使臂、臂使指、特一岐・對馬則迢迢海鄙斗州、未遑號令也、下國對使臣、具陳前事、然來命之重不可默止、專价歠傳告、一岐不必慙服也、只似下情匪慢而已、宓乞足下察下、一岐州上松浦鹽津留沙門松林院(實譽カ)、復書禮曹曰、未上鄙書處、今度不受貴風併使臣招撫、從事官皮尚宜、依賊徒事初面拜、從來我爲沙門之形體、更不憐惡黨、至已後而尚禁此事乎、予爲先祖鹽津留沙彌源英少孫、其佳久恩長輸誠乎、難爲通事、獻物大刀子一箇、宜達天聞、珍重珍重、一岐州上松浦鹽津留伊勢守源聞、復書禮曹曰、去秋書到得信乎、我繼先祖鹽津留沙彌源英之跡、久乞厚蒙恩者哉、承聞、日本賊船、就去去年六月初一日、高麗之地奪取朝鮮貢船數拾仁絹布・衣掌(裳)・米粫、予因不持郡鄕、凶徒之族無太多、此民依貧窮渡唐、雖乘一岐本居之船、對州執貢船諸物後既捐流、船時于此等搶彼船、更不巧朝鮮之敵、予從先祖不退戴天恩、于今領納貴使白細苧布四匹・白細緜紬四匹・燒酒

十瓶・桂一角・茶食一角等、深意無極、爲致報意、使武和有肆郎左衛門助、遣賊徒一仁、此男聊不得寸物、船子老者已正罪過輕重、頓仰藤九郎歸國拜領者珍重、然此土爲本國之境、朝鮮之船往來之時、可慇懃守固乎、予拜領印字、爲從來鄙臣長輸誠乎、獻處禮物大刀子四箇、冀達天聞、肥前州松浦佐志一岐大守源正、復書禮曹曰、就于賊船忝受尊命、自今以後全可致厥致道也、彌可警其敗者也、聊非虛語、證明是靑天兮、不圖今又休佳賜、不勝欣賀之至者也、以此旨聞于睿慮、幸甚、後復書論捕賊之功、皆賜米豆・綿布・雜物有差、

佐志正、禮曹ニ復書ス

〔五月壬子(三日)〕遣僉知中樞院事辛處康、如京師獻賊倭、其奏曰、議政府啓狀、正統八年(世宗二十五年)六月初一日、賊倭船二隻、到本國西餘鼠島、遇見濟州官船、殺擄人口搶奪財物去了、本府具啓、差護軍康勸善、前往倭山一岐島、開諭島主等、挨刷被擄人口、仍尋賊黨去後、正統九年(世宗二十五年)四月十九日回據康勸善呈、蒙差前到一岐島、將刷還尋捕事理、說與島主等、其島主老鴨打源道秀・鴨打源五郎・佐志源正等、不肯聽順、且其賊徒逃匿、未得捕獲外、只有呼子源高・鹽津(留脫カ)源門(聞カ)・眞弓源吉・藤九郎等四倭、各各捉解正賊皮古失剌(彦四郎)・撒古羅及三孛郎古羅(三郎五郎)幼男因入羅・養古外甥馬打孛等四名、帶領回還間、賊首頓沙也門及三孛郎古羅等、結黨分坐海船三隻、謀欲殺害、賴倭表阿入剌及有暗等護送、脫害回還、得此具啓、臣即令義禁府審問、

西餘鼠島ノ倭寇

康勸善、壹岐ニ赴キ被虜ヲ刷還ス

鴨打道秀・同源五郎・佐志正、賊徒ヲ匿フ

呼子高・鹽津留聞・眞弓吉・藤九郎、倭寇ヲ捕獲ス

壹岐住人、對馬島賊倭ト連係シテ濟州官船ヲ襲フ

本府狀啓、正統九年四月二十五日、一名皮古失剌年三十七歲・一名撒古羅年四十九歲供稱、俱係一岐島住倭、去年春節、根隨本島賊倭頓沙也門・禿哥木禿（塚本カ）・蘇崖及對馬島賊倭失剌沙也門（四郎左衛門）・邊沙也門（兵左衛門カ）等船主五人、與同伴各人共謀、至五月初頭、分坐海船五隻、前往上國不知名沿海地面、作耗後、邊沙也門・禿哥木禿等二船、俱各先回本島、蘇崖船一隻、不知去向外、俺等原坐頓沙也門船一隻、與失剌沙也門船一隻、回到西餘鼠島、忽遇濟州官船一隻、殺擄人口、搶劫財物、回還本島、今被捉獲來了、同來倭因入羅係賊倭三孛郎古羅親男、馬打孛係賊倭養古外甥、本人等竝不曾作賊、爲因三孛郎古羅・養古等、在逃不見、有呼子源高・藤九郎等、將前項二名替解來了、一名因入羅供稱、年一十二歲、係三孛郎古羅親男、一名馬打孛供稱、年二十五歲、係養古外甥、捉解事因、與同來賊倭皮古失剌等供辭相同、得此具啓、臣據此參詳、上項皮〔古脫〕失剌・撒古羅等、係是先次陪臣辛引孫押解賊首失剌沙也門等同黨、理宜一體解送、除不係正賊因入羅・馬打孛等二名外、將皮古失剌・撒古羅等二名、差陪臣僉知中樞院事辛處康、牢固管押、前赴朝廷、

呼子高、倭賊ヲ捉ヘ朝鮮ニ渡ス

呼子・鹽津留・眞弓ノ使人至ル

〔五月丁卯（十八日）〕禮曹啓、呼子所遣而郎古羅（次郎五郎）、鹽津〔留脫カ〕所遣時羅沙文（四郎左衛門）、眞弓所遣皮仇三甫羅（彦三郎）等、宜各賜米四石・緜紬二匹・衣一領、從之、

佐志殿管下ノ船十三隻、宗貞盛ノ文引ヲ受ケズ孤草島ニ向フニ依リ、沿海ノ防備ヲ固ム

〔閏七月甲申〕(七日)諭慶尙全羅道觀察使及都節制使・水軍處置使・黃海江原道觀察使、對馬島商販倭人告曰、佐志殿管下倭船十三隻、托以孤草島捕魚、不受宗貞盛文引、今七月、過對馬島向孤草島、前項倭人果如不受文引而來、則志在報讎、其害不淺、沿邊各浦・各官・各鎭、防禦諸事不輕布置、謹烽火多斥堠、修戰艦練士卒、如或犯邊、則臨機制勝、又或非處近島到泊、則審其風水、發船掩捕、其中不戰來降者、勿殺生獲、逆戰不降、則依法斬獲、且前日倭人等來言、倭船體少、故依泊島浦、覆以松枝與草樹、則候望者不得見之、其備細候望、毋陷賊術、

平戶義ノ使人至リ、漂風人ヲ刷還ス

〔八月己未〕(十三日)日本國肥前州太守源義(平戶)、遣牛丹都老(雅樂殿カ)、發還本國漂風人金目、賜送緜紬苧布麻布各十匹・雜彩花席一十張・虎豹皮各二領・栢子二百斤、賜牛丹都老衣二領・笠靴・緜紬八匹・緜布八匹・虎皮二領・栢子一石・燒酒十瓶、賜金目衣笠、初金目與弟莫金、漂到日本、至是金目得還、莫金留在五都浦、爲又古都老奴、遂令禮曹致書曰、本國濟州住人金目・莫金等兄弟、不幸遭風、漂到貴境、金目則肥州太守源公今已送還、其弟莫金爲足下占使、未得帶回、父母兄弟隔海懸望、相憶情思未有紀極、念惟貴島與我國、自來交通有同一家、

義ニ濟州人ノ送還ヲ求ム

彼此人、民義絶占悕、足下思之、亟令本人發還完聚我國、必嘉其誠、欵待之尤厚、豈不偉歟、

一〇一八　佐等連署押書狀案

○青方文書

五島住人、青方氏ト松田氏トノ境相論ヲ裁ク

（端裏書）「あをかたとのへ」

青方殿と松田方と所々さうろんの地の事、とくせんさはく（先左博）のむねさをい（相違）候之間、かさねて此人數よりあひ申、さかい等の事相定候、

新開ハ青方氏、本田ハ松田氏知行スベシ

一、たうほし田の事、しんひらきによて青方殿いき候之間、ひらきをのそき申、本田の事ハ松たはうちきやうあるへく候、

境ニ石ヲ立ツ

一、あさ河のひらき田のこうつ河のさかいの事、ゆうそんのいまのひらきをこめて、さかいニハいしをたて候、

鹽屋二人前

一、しほや二人まゐの事、本せうもんのまゝ、まつた方人をいれらるへく候、

一日替ニ水ヲ引クベシ

一、松田方と彌四郎とのゝミつをひき候事、せんさはくのまゝ一日かわしニひかるへく候、

網二人前下作職

一、あミ二人まゐの下さくしきの事、ほんさはくのむねと申、松田方あミをせくるへく候、

見參御酒料米

長田氏
神崎氏
青木濱氏
立石氏
浦氏
青島方氏
鮎河氏
下有河氏
宇久江氏

一、大ちかわりけんさんの御しゆのれうまいの事、あをかたとのへ米三升まつた方つかハすへきにて候、

右、條々の子細かくのことく申定候上ハ、こゝしやうらい(後々將來)ニおゐて、かのさかい所々ニいらんわつらいあるへからす候、もし此下をもてさための旨をやふり候する方ハ、於向後此人數としていろい申ましく候、よて爲後日押書狀如件、

文安二年乙丑十一月十九日

ひうか守
佐(花押影)
なかた
惠(花押影)
かうさき
淸(花押影)
あうきハま
果(花押影)
たていし
勇(花押影)
うら
有(花押影)
あうしまかた
賢(花押影)
あゆかハ
延(花押影)
下あり河
茂(花押影)
ゑ
繁(花押影)

上あり河
學（花押影）
まつを
逐（花押影）

上有河氏
松尾氏

青方殿

一〇一九

○朝鮮王朝實錄　世宗二十七年（文安二・一四四五）

李藝ノ卒傳

〔二月丁卯〕（二十三日）同知中樞院事李藝卒、藝蔚山郡吏、洪武丙子（二十九年）十二月、倭賊非舊老古（彦六）等、率衆三千請降、慶尙道監司、令知蔚山郡事李殷、主其館待、具事以聞、朝議紛紜久未決、有東萊僧、謂倭曰、官軍、欲水陸挾攻、倭信而怒之、虜殷及前判事魏种而還、蔚之郡吏、皆走匿、藝與記官朴遵、賚其官銀酒器、冀乘賊船之移行者、追及海中、請與殷同舟、賊感其誠許之、至對馬島、賊議欲殺殷等、藝進退於殷、猶執吏禮愈謹、觀者曰、此眞朝鮮官人也、殺之不祥、藝亦以其銀器、賂非舊古（マヽ）老等得免、置島之和田浦、留一月、密備船、欲爲逃還計、會國家遣通信使朴仁貴和解之、明年二月乃與殷還、國家嘉之、免藝吏役授之官、初藝

三島ニ渡リテ母ヲ捜ス

八歲、母爲倭所虜、歲庚辰（定宗二年）、請于朝、隨回禮使尹銘、入日本三島覓母、家捜戶索卒不得、初至對馬島、島主靈（宗）鑑以事拘銘不遣、藝代受禮物、遂通于一岐島志佐殿、請還俘虜且禁賊、

壹岐島志佐殿ニ通書シ、俘虜ノ返還ヲ請フ

辛巳（太宗元年）冬、賚禮物入一岐至對馬、適靈鑑見竄、島中亂、失所乘船、竟達一岐、刷得被虜五十

人、借倭羅君船載還、以功授左軍副司直、給羅君米三百石、自是至于庚寅〔太宗十年〕十年之間、歳爲通信使往返三島、刷還被虜五百餘人、累遷護軍、丙申〔太宗十六年〕、奉使琉球國、又刷四十餘人、壬寅〔世宗四年〕・甲辰〔世宗六年〕、副回禮使朴熙中・朴安臣入日本國、前後所刷七十餘人、陞大護軍、癸丑〔世宗十五年〕、又使日本、以勞加上護軍、遂拜僉知中樞院事、癸亥〔世宗二十五年〕、倭賊寇邊掠奪人物、國家欲遣人推刷、藝自請爲對馬島體察使、刷被虜七人・賊倭十四人而還、進同知院事、凡奉使倭國四十餘行、卒年七十三、子宗實、

（十年間三島ニ往返シ、被虜五百餘人ヲ刷還ス）
（倭國ニ使スルコト四十餘度）

〔二月庚午〕〔二十六日〕對馬島宗貞盛遣宗彦七〔四郎左衛門〕・一岐島鹽津實〔留脱カ〕譽遣時羅沙文、獻土物、

（鹽津留松林院實譽ノ使人至ル）

〔三月甲申〕〔十一日〕議政府據禮曹呈啓、鹽津源〔留脱カ〕聞捕送賊倭、依甲子年〔世宗二十六年〕例、賜鞍一面・米豆八石・綿紬綿布各六匹・黑麻布白苧布各四匹・虎皮四張・雜彩花席五張・燒酒二十瓶、所送上官人、賜米四石・緜紬二匹・衣一領、從之、

（鹽津留聞、賊倭捕送ノ功ニヨリ下賜セラル）

〔三月乙酉〕〔十二日〕議政府・禮曹同議啓、日本呼子殿、向國輸誠、其請大藏經、不可不給、從之、

（呼子殿ニ大藏經ヲ給フ）

呼子殿土物ヲ獻ジ下賜セラル

〔四月己酉(六日)〕議政府據禮曹呈啓、日本呼子殿獻土物、答賜綿布一百匹・正布一百四十匹・黑麻布白苧布各五匹・席二十張・松子一百五十觔、從之、

一〇二〇

○朝鮮王朝實錄　世宗二十八年（文安三・一四四六）

肥前守・壹岐守ノ使人至ル

〔二月甲寅(十六日)〕日本肥前州及一岐州、遣人來獻土宜、

平戸義ノ使人至ル

〔四月壬寅(五日)〕日本肥州太守源義(平戸)、遣人來獻土物、

眞弓吉・鹽津留聞、下賜セラル

〔四月丁巳(二十日)〕賜宗貞盛使送井大郎(家次)等二人、衣服・笠靴・米豆・細紬・緜布、賜一岐州眞弓源吉及鹽津留聞、細紬・緜布・黑麻布・白苧布・雜彩花席、有差、

通事尹仁甫ノ上書

〔九月甲戌(九日)〕上護軍尹仁甫上書曰、臣奉使嘗至對馬島、酋長宗貞盛及部民皆曰、衣食專蒙上德、身在日本之地、而心與貴國之民無異也、擧島之人、爭持魚酒來慰、其感　上德至

壹岐・上下松浦ニ朝鮮ヲ慕フ者多シ

鴨打・呼子等、被虜人ト賊人ヲ刷出ス

三島ト博多ノ人、琉球ニ在ル朝鮮人被虜人ノコトヲ語ル

三島ノ人農業ヲナサズ、盜竊ヲ以テ業トナス

矣、博多人心亦然、一岐及上下松浦等處亦多向慕之人、至于大內、持世・教弘相傳言、我系出貴國、迎送館待悉從本國之禮極厚、且云、自今連歲馳使納欵、以達微情、去年春、亦披誠進香、不可無息恤之命、上松浦鴨打・呼子等、於被虜人及賊人刷出之時、不無功焉、亦不可無恩命也、一岐及上下松浦皆盜賊淵數、因其向慕之時加之以恩、使之心誠歸附、實爲便益、況沿海各浦船軍安枕無事、自今隔三四年、各處酋長處、因事遣使撫綏之、則船軍亦自然慣熟矣、且癸亥年(世宗二十五年)、國家欲遣使慰日本新王(足利義政)、因其國使光嚴之言而不行、去年秋又以其使正祐之說未果報聘、臣竊謂、通信・回禮古今通禮、不可廢也、其進香之時、雖有未盡之禮、然其國俗專事神佛、小知禮法、何足責乎、雖有中路戰爭之說、其於我國使命往來、固無患焉、今其國王年已長成、必重交隣之禮、特遣使交好以示信義、又琉球國昔年遣使來朝、厥後無回禮、三島之人及博多人云、朝鮮國被虜人在琉球國而欲還本土者多矣、臣竊惟、交隣之義古今所重、且其習俗風土亦不可不審、幸無事之時通信交好、仍使刷還被虜人、又各浦兵船皆用木矴、木矴體大而實輕、不能卽止水底、又不能深接泥石之地、雖至四五放矴亦難停船、且唐倭船、皆織蒿草爲帆、柔靭完久而風浪不泄、本國之船則專用茅草、易以破毀、自今依唐倭船例、矴用正鐵、席用蒿草、庶爲便益、又日本三島之人、不事農業以盜竊爲生、乍服乍叛者多、今雖無事亦不可不慮、自今預擇朝臣文武兼全二三人、或遣使彼土、

議政府・禮曹ノ議

或接待彼人、常令審其人心、察其險夷、專管其事、下政府禮曹同議、領議政黃喜・右議政河演・右贊成金宗瑞・左參贊鄭苯曰、九州等處兵難未息、遣使爲難、若對馬州則可以使人、然無故使人亦不可、且以擒賊爲辭、歲月已久、又無可賞之事、而賫幣帛・酒食而往、則恐彼反生疑貳之心、徐觀後日之勢、更議施行、禮曹判書鄭麟趾・參判許詡曰、高麗之季、三島倭奴作耗之患不可勝言、至我朝始歸附、是雖國勢之强有以服之、亦緣累朝文德之致、近年倭賊及被擄本國人搜索解送、誠古今罕聞、仁甫之言實爲有理、大内殿戰爭未息、徐觀其勢、使人可也、宗貞盛則國喪制盡後、使如仁甫者、賫酒饌賜宴慰賞、彼亦以爲稀世之榮、命國喪後更啓、

高麗ノ末三島ノ倭寇猖獗ス

一〇二一

○朝鮮王朝實錄　世宗二十九年（文安四・一四四七）

〔二月丙申〕（四日） 諭慶尙道處置使、今聞、對馬・一岐・肥前州倭等、相結爲黨、欲於二三月間作賊、修其舟楫、但未知所向耳、卿密問商倭以啓、

壹岐・肥前等ノ倭、黨ヲ爲シ作賊セントス

〔二月己酉〕（十七日） 諭慶尙・全羅・忠淸・黃海・平安道觀察使・節制使・處置使、向化倭也馬沙（山崎）

壹岐・上松浦ノ倭、中國ニ向ヒ作賊ス

只)來言、一岐州・上松浦・對馬島倭、二月發船、向中國作賊、去己亥年(世宗元年)、倭入寇中國、因掠我邊、是其驗也、沿邊防戍益加隄備、

壹岐・上松浦ノ倭人、五十餘船ヲ修治シ中國沿海ノ地ニ入寇セントス

〔二月癸丑(二十一日)〕遣通事金辛于遼東、告入朝火者張智生親喪、又咨曰、商倭也馬沙只(山崎)言、對馬・一岐島・上松浦等處倭人、修治五十餘船、欲於二三月間、入寇上國沿海之地、此言雖不可信、然係邊境聲息、爲此馳報、

眞弓永ノ使人至ル

〔六月壬申(十一日)〕對馬島宗貞盛・一岐州源永(眞弓)、遣人獻土物、

眞弓永ノ使人、書ヲ禮曹ニ送リ、故皇后ノ弔禮ヲ願フ

〔六月辛巳(二十日)〕日本一岐州兵部少輔源永(眞弓)、遣人獻土物、致書禮曹曰、伏聞、去歲　皇后(昭憲王后)昇遐、欲致弔禮、予亦去父喪、至今遲怠、不堪皇恐(惶)、今以輕薄之物、聊表獻芹之誠、命賜布四十五匹、又特賜緜紬四匹・緜布黑麻布白苧布各二匹・虎皮二令(領)・雜彩花席二張、

那摩孫三郎、青方氏ニ戒状ヲ差シ出ス
那摩孫三郎科ヲ犯ス
他領ニ罷出ヅレバ、親子三人重代相傳ノ下人ニ召使ハルベシ
如何ナル神社佛神領内ニ入ルトモ、コノ状ヲ以テ沙汰シ召サルベシ

一〇二二　那摩孫三郎戒状案

○青方文書

（端裏書）「あをかた殿　まいる　いましめ状　まこ三らう」

あおかたかちきやうのふんにおいて、なまのうちにまこ三ふ郎さるとかをつかまつり候によつて、ちきにちうし申へく候へとも、ちやうもんかたへわひ事申候あいた、むらのまうのひきふミをしさせ申候、たりやうにまかりいて申候ハヽ、ちうたいさうてんの下人におやこ三人の物もめしつかい申へく候、こののちハいかなるしんしやふつしんの御りやうないにいて入申候とも、この状をもつてさたしめされんとき、いつこう（一口）のきり申ましく候、よつていましめしやうくたんのことし、

于時ふんあん五ねん（つちのへたつの）とし六月十八日　なままこ三郎（花押影）

あおかた殿　まいる

那摩氏、源清宗ノ五島所務ヲ妨グ

一〇二三　沙彌宗願書状案※

○青方文書

（肥前國松浦郡）爲五嶋所務、源兵衛尉清宗下候之處、ゆへなく所務を御をさへ候事、いかやうの事ニ候や、

守護方ニ注進スベシ

せんきにまかせて、御沙汰候ハヽ、悦入候へく候、もしなをいき候ハヽ、承候て、まつしゆこ方へちうしん可申候、恐々謹言、

九月十二日　沙彌宗願（花押影）

那摩氏

謹上　なま殿

一〇二四　○朝鮮王朝實錄　世宗三十一年（文安六・寶德元・一四四九）

鹽津留聞ノ使人、猿ヲ獻ズ

〔五月丙申〕（十七日）一岐州鹽津留源聞、遣人獻猿、

鹽津留聞ノ使人至ル

〔八月辛亥〕（四日）一岐州上松浦鹽津留源聞、遣人來獻土物、賜白細緜布黑細麻布白細苧布各三匹・米豆三十石、

呼子高ノ使人至ル

〔八月辛未〕（二十四日）一岐州呼子源高、遣人來獻土宜、賜米豆各十五石、

○朝鮮王朝實録　文宗即位年（寶德二・一四五〇）

一〇二五

鹽津留聞・同松林院實譽ノ使人至ル

〔六月丙子（四日）〕一岐州倭藤九郎及留（鹽津脫カ）源聞使送二人・實譽（鹽津留松林院）使送二人・對馬州宗貞盛使送十一人、獻土宜、

志佐義ノ使人至ル

〔六月丙申（二十四日）〕一岐州知守源義（志佐）・對馬州宗虎熊丸（茂世）等、遣人獻土宜、

志佐源義、圖書ヲ受ク

〔六月壬寅（三十日）〕議政府據禮曹呈啓、一岐州太守源義（志佐）、欲受圖書、請鑄給、從之、

鹽津留松林院實譽、誠心歸順ス

〔六月壬寅（三十日）〕議政府據禮曹呈啓、一岐州松林院實譽、誠心歸順、可賜黑麻布・白苧布各二匹、從之、

鹽津留聞ノ使人至リ輝德殿ニ進香ス

〔七月己酉（七日）〕一岐州留（鹽津脫カ）源聞、遣正倫等、對馬州宗貞盛、遣光軌等、進香于　輝德殿、倭護軍藤九郎、亦進香、各賜苧麻布・衣帶、

朝鮮ノ漂風人、鴨打殿・呼子殿ノ地面ニ到泊ス

〔七月辛亥（九日）〕議政府據禮曹呈啓、今聞、本國飄風人、到泊于一岐州鴨打殿・呼子殿地面、請書諭發還、就贈黑麻布・白綿紬各三匹、　從之、

眞弓永ノ使人至ル

〔十二月壬申（二日）〕日本國一岐州眞弓兵部少輔源永、遣元少只等四人、宗盛家、遣三甫羅多羅（三郎太郎）等四人、來獻土物、

眞弓永ノ使人至リ、輝德殿ニ進香ス

〔十二月癸未（十三日）〕倭護軍邊沙也文（兵左衛門カ）等二人・宮内四郎姪子守延等二人、來獻土物、一岐州眞弓兵部少輔源永、遣元少只等四人、進香于　輝德殿、

呼子高ノ使人至ル

〔十二月戊子（十八日）〕日本國一岐州呼子源高、遣簟冨安等十人、吾都里萬戸馬仇音波等五人、來獻土物、

一〇二六

○朝鮮王朝實錄　文宗元年（寶德三・一四五一）

宇久勝ノ使人至リ漂流人ヲ還ス

〔正月癸亥（二十三日）〕日本國五島宇久大和源勝、遣延都等、來獻土物、禮曹致書曰、本國漂流人莫

禮曹書シテ謝意ヲ述ブ

金、於戊辰年、（世宗三十年）足下盡力刷還、我　殿下嘉之、特賜白細綿紬白細苧布黑細麻布各一十匹・雜彩花席一十張・虎豹皮各二領・松子二百觔、足下所求人蔘一十斤・銅火爐一事・蜂蜜一十斗及土宜正布一十六匹、

博多・壹岐ノ倭人、共謀シテ巨濟島ヲ伐タントス

〔五月癸卯〕（六日）前此、倭護軍藤九郎、潛通書曰、博加大・一岐州倭人共議以爲、朝鮮捕我輩無罪族親、械送中原、欲伐巨濟以報之、○後略

鹽津留聞物ヲ賜ハル

〔七月丁酉〕（二日）賜日本國一岐州上松津（浦）鹽浦（津）留源聞米豆各一十石・綿紬四匹・正布三十八匹、

呼子高ノ使人至ル

〔九月丙辰〕（二十一日）日本國呼子源高、遣才中和尚等、獻土物、

禮曹、呼子高ヘノ回賜ヲ加給センコトヲ啓ス

〔十月丁卯〕（二日）先是、禮曹啓呼子源高回賜物件、　上曰、前此予毎說、倭客回賜、宜當優給、今所給、反不及所進物價、甚不可也、倭客賫來之物有數、令戶禮曹同議定價、若有加給之事、予隨時裁定、其議于政府、政府啓、倭客回賜、據已前所進物件、考其答賜之例、分二等定價、其中加減者、臨時酌量、　從之、

一〇二七

○宮內廳書陵部所藏入唐記（釋笑雲入明記）享德元年（一四五二）

遣明一號船平戸ニ至リ、滿福道場ニ居ス

八月廿三日、曉發志賀、行三十里至平戸嶋（肥前國松浦郡）、居滿福道場、

廿四日、檢類船勘合、入夜薩摩船載硫黃至、一號船爲本船、屬之者諺曰類船、

遣明船朝平戸ヲ發シ、午後的山大島ニ至ル

九月五日、朝發平戸、午至小豆大嶋（松浦郡）、

二十日、少有順風、將解纜、綱司集諸船、々頭等大合議、々未半、水夫把檝開洋者二三里、

二號・三號從之、

一號・二號船平戸ヘ戻ル

廿一日、船頭等曰、今年不可有風也、待春乎、

廿二日、一號・二號回棹于平戸嶋、二號將歸野古、

一〇二八

○朝鮮王朝實錄　端宗卽位年（寶德四・享德元・一四五二）

呼子高ノ使人至ル

〔六月乙亥（十四日）〕日本國對馬州宗盛家宗貞國・一岐州呼子源高、各遣使來獻土物、

鹽津留聞ノ使人至ル

〔七月甲午(三日)〕日本國上松浦鹽津留源聞、遣使來獻土物、

呼子高ノ使人至ル

〔閏九月乙亥(十六日)〕日本國筑前州冷泉津藤(原)源(佐藤)定清・肥前州上松浦呼子一岐守源高、各遣使來獻土物、

鄭夢周日本ニ使シテ、三島倭寇ノ侵掠禁圧ヲ請フ

〔十二月辛丑(十三日)〕議政府據禮曹呈啓、○中略守門下侍中文忠公鄭夢周、扶恭讓王反正、爲中興功臣、遂拜侍中、終伏節而死、初大明肇興、夢周力請恭愍王、首先歸附、恭愍王薨、李仁任等、欲復事元、夢周又上言、極陳不可、又奉使日本、請禁賊、夢周極陳交隣利害、主將敬服、還被虜數百人、禁三島侵掠、○後略

眞弓永・呼子高ノ使人至ル

〔十二月丙辰(二十八日)〕日本國一岐州眞弓兵部少輔源永・肥前州上松浦呼子一岐州守源高等、遣使來獻土物、

一〇二九

○宮内廳書陵部所藏入唐記（釋笑雲入明記）享德二年（一四五三）

遣明船的山大島ヲ發シ、五島奈留浦ニ至リ開洋ス

三月十九日、諸船早發大島（肥前國松浦郡）、走四十里、日未晩至五嶋奈留浦（肥前國松浦郡）、
三十日、有風、午後一號船開洋、類船七艘從之、一晝夜走六七十里、

一〇三〇

○朝鮮王朝實錄　端宗元年（享德二・一四五三）

呼子高ノ使人至ル

〔四月己亥（十二日）〕日本國肥前州上松浦呼子一岐守源高・對馬州宗成職等、遣使來獻土物、

鹽津留觀音寺宗殊ノ使人至リ、景禧殿ニ進香ス

〔五月丁巳（一日）〕親行朔祭于　景禧殿、日本國對馬州太守宗成職・筑前州藤源〔原〕（少貳）教頼・上松浦一岐鹽津（留脱）觀音寺宗殊使人等、隨班進香、

眞弓永ノ使人至ル

〔五月壬申（十六日）〕日本國對馬州太守宗成職・一岐州眞弓源永等、遣人來獻土物、

眞弓永ノ使人至ル

〔五月乙亥（十九日）〕日本國對馬州太守宗成職・宗盛弘、一岐州眞弓源永等、遣人來獻土物、

〔五月己卯〕(二十三日)日本國上松浦鹽津(留脫)源聞・對馬州宗盛弘等、遣人來獻土物、

鹽津留聞ノ使人至ル

〔六月丙戌〕(一日)日本國呼子一岐守源高、對馬州太守宗成職・宗盛家、一岐州倭護軍藤九郎・護軍藤影繼、各遣人來獻土物、

呼子高ノ使人至ル

〔六月己酉〕(二十四日)日本國大内殿使者有榮、呈書于禮曹曰、多多良氏入日本國、其故則、日本曾大連(物部守屋)等起兵、欲滅佛法、我國王子聖德太子、崇敬佛法、故交戰、此時百濟國王(聖明王)、勅太子琳聖討大連等、琳聖則大内公也、以故聖德太子、賞其功而賜州郡、爾來稱都居之地號大内公、朝鮮今有大内裔種否、定有耆老博洽君子、詳其譜系也、大連等起兵時、日本國鏡當四年也、當隋開皇元年也、自鏡當四年至景泰四年、凡八百七十三年、貴國必有琳聖太子入日本之記也、大内公食邑之地、世因兵火而失本記矣、今所記、則我邦之遺老口述相傳而已、即命春秋舘集賢殿、考古籍書與之其書曰、古書有云、日本六州牧左京大夫(大内義弘)、百濟溫祚王高氏之後、其先避亂、仕於日本、世世相承、至于六州牧、尤爲貴顯、比年以來、對馬等三島、嘯聚兇徒、侵擾我疆、虜掠人民、以阻隣好、頃者大相國(足利義滿)、以義發兵、六州牧、身自督戰、殄殲其

三島ノ倭寇、人民ヲ虜掠ス

衆、由是邊境寧靖、生民安業、而兩國修好、

呼子高ノ使人至ル

〔六月辛亥〕(二十六日) 日本國上松浦一岐州守源(呼子)高、遣使來獻土物、

鹽津留聞ノ使人至ル

〔七月庚申〕(五日) 日本國薩州伊集院寓鎮隅州太守藤煕久・一岐州上松浦鹽津留伊勢守源聞、各遣使來獻土物、

鹽津留聞ノ使人至ル

〔七月丙寅〕(十一日) 日本國對馬州太守宗成職・一岐州源(鹽津留)聞、各遣使來獻土物、

鹽津留聞ノ使人至リ、景禧殿ニ進香ス

〔七月庚午〕(十五日) 日本國一岐州源(鹽津留)聞使者、進香于 景禧殿、

鹽津留松林院實圓・呼子高ノ使人至ル

〔七月丁丑〕(二十二日) 日本國一岐州上松浦鹽津留松林院實圓・肥前州一岐守源(呼子)高、各遣使來獻土物、

呼子高・宇久勝ノ使人至ル

〔八月庚戌〕(二十六日) 日本國上松浦呼子一岐守源高・關西道一岐州護軍藤九郎・五島(肥前國松浦郡)宇久守源勝、各遣使來獻土物、

呼子高ノ使人至ル　〔九月甲寅(一日)〕日本國一岐州守源高(呼子)、遣使來獻土物、

宇久勝ノ使人至ル　〔十月丁酉(十四日)〕日本國五島宇久守源勝・對馬州宗右馬助盛直等、遣人來獻土物、

呼子高ノ使人至ル　〔十二月戊戌(十六日)〕日本國呼子(肥前國松浦郡)一岐守源高、遣人來獻土物、

一〇三一

○宮内廳書陵部所藏入唐記（釋笑雲入明記）景泰五年（一四五四）

水夫五島ニ歸著スト喜ブモ、實ハ耽羅島ナリ　六月廿七日、至昨所見山下、水夫皆喜曰、吾肥前五嶋(松浦郡)也、棹小脚船将取水、則高麗大耽沒羅也、

一〇三二　松浦盛下知狀寫

○早田文書

(端裏書)「早田小二郎殿

丹後守」

松浦盛、今福歳宮内大明神造營ニ奔走スベキコトヲ命ズ

ふしきに二郎五郎事、かくのことく也候(マヽ)、いまにおゐてハ、たまく〵きやうたいの事にて候間、とし(肥前國松浦郡)のミや内大明神の大くうしゝきの事、枝くし此下にてハ、さうゐいなんとほんそふすへく候、爲後下知如件、

享德三年十二月廿六日　　　(松浦)丹後守盛(花押影)

一〇三三

○朝鮮王朝實錄　端宗二年(享德三・一四五四)

呼子高ノ使人至ル

〔正月辛巳〕(二十九日)日本國上松浦呼子一岐州守原(源)高、遣使來獻土物、

呼子高ノ使人至ル

〔二月戊戌〕(十七日)日本國一岐守源高(呼子)、遣使來獻土物、

田平弘ノ使人至ル

〔二月甲辰〕(二十三日)日本國肥前州田平(松浦郡)寓鎭源朝臣彈正少弼弘、遣使來獻土物、

志佐義ノ使人至ル

〔三月丁丑〕（二十六日）日本國一岐州知主源義（志佐）・對馬島倭護軍平茂家（黒瀬）・野人中樞院副使童速魯帖木兒、遣人來獻土物、

田平弘ノ使人至ル

〔四月乙酉〕（四日）日本國肥前州田平寓鎭源朝臣彈正小弼弘、遣人來獻土物、

鹽津留松林院重實ノ使人至ル

〔四月戊子〕（七日）日本國一岐州上松浦鹽津留松林院主重實、遣人來獻土物、

田平弘ノ使人至ル

〔四月辛丑〕（二十日）日本國肥前州田平寓鎭源朝臣彈正小弼弘、遣人來獻土物、

鹽津留管下ノ三郎左衛門慶尙道ニ逃ル

鹽津留ノ追尋スル者ニ非ザルニヨリ、慶州ニ留置ス

〔四月壬寅〕（二十一日）議政府據禮曹呈啓、日本國一岐州三甫羅洒毛（三郎左衛門）、以鹽津管下（留脱、下同ジ）、逃至慶尙道、今鹽津使人皮古沙也文（彦左衛門）來、令通事問之、答日本非管下人、且受書契・禮物、而盜用不傳、故鹽津黜諸境外、由此觀之、則三甫羅洒毛非鹽津所追尋者、請留置慶州、通諭鹽津、從之、

呼子高ノ使人至リ、禮曹ニ奉書ス

〔四月乙巳〕（二十四日）日本國上松浦呼子一岐守源高、遣人來獻土物、奉書于禮曹曰、竊聞大國有變、驚惑之際、又聞、殿下康寧、國中安靖、不勝大慶、

呼子高ノ使人至ル
〔四月己酉〕(二十八日)日本國關西道都元帥源(澁川)教直・上松浦呼子一岐州守源高等、遣人來獻土物、

志佐義ノ使人至ル
〔五月乙卯〕(五日)日本國一岐州智(知)主志佐源義、遣人來獻土物、

眞弓永ノ使人至ル
〔五月辛未〕(二十一日)日本國一岐州眞弓兵部少輔源永、遣人來獻土物、

田平弘ノ使人至ル
〔六月乙巳〕(二十四日)日本國田平寓鎭彈正小弼弘、遣人來獻土物、

呼子高ノ使人至ル
〔七月壬戌〕(十二日)日本國上松浦呼子一岐守源高、遣人來獻土物、

志佐義、禮曹ニ奉書シテ助征ヲ願フ
禮曹、義ニ謀反ノ鎭壓ヲ傳フ
〔七月己卯〕(三十日)日本國一岐州志佐源義、奉書于禮曹曰、竊聞、大國輔臣謀反、天兵悉討、猶未盡除、吾率兵航海、而合力共征、以顯藩臣之忠、禮曹奉旨、答書曰、曩者姦臣交結、潛圖不軌、皆已伏辜、國家泰帖如舊、足下專人馳問、且有効力之意、殿下嘉之、特賜白細苧布白綿紬各五匹・雜彩花席五張・鞍具馬一匹・屛風一坐・松子五十觔・燒酒五十瓶・桂茶

食各四角・虎豹皮各二張・乾青魚二千尾・大口魚二百尾・乾鯉魚五十尾・乾鮒魚四百尾・乾柿子五十貼并土宜正布十三匹、就付回价、惟照領、

呼子高ノ使人至ル

〔八月丙戌〕（七日）日本國上松浦呼子一岐守源高・薩州伊集院寓鎭隅州太守藤煕久等、遣人來獻土物、

田平弘ノ使人至ル

〔八月壬辰〕（十三日）日本國肥前州田平寓鎭源朝臣彈正小弼弘、遣人來獻土物、

呼子高・鹽津留聞・壹岐守源義ノ使人至ル

〔十月甲辰〕（二十六日）日本國上松浦呼子一岐守源高・上松浦鹽津留伊勢守源聞・一岐州太守源義等、遣人來獻土物、

壹岐守源義・志佐義・鹽津留聞ノ使人至ル

〔十月丙午〕（二十八日）日本國一岐州太守源義・一岐州知主志佐源義・上松浦鹽津留伊勢守源聞等、遣人來獻土物、

田平弘ノ使人至ル

〔十二月戊戌〕（二十二日）日本國肥前州田平寓鎭源朝臣彈正小弼弘、遣人來獻土物、

呼子高・平戸義ノ使人至ル

〔十二月甲辰〕(二十八日)日本國呼子源高・肥前州太守源義(平戸)等使送人、及野人都萬戸金仇赤等六人、來獻土物、

鹽津留聞ノ使人至ル

〔十二月乙巳〕(二十九日)日本國一岐州鹽津留伊勢守源聞、遣人來獻土物、

志佐義ノ使人至ル

〔十二月丙午〕(三十日)日本國一岐州知主志佐源義、遣人來獻土物、

一〇三四

○朝鮮王朝實錄　端宗三・世祖元年（享德四・康正元・一四五五）

眞弓永・呼子高ノ使人至ル

〔正月庚戌〕(四日)日本國一岐州眞弓源永・呼子源高、各遣人來獻土物、

呼子高・鹽津留松林院重實ノ使人至ル

〔正月丁卯〕(二十一日)日本國上松浦呼子源高・一岐州上松浦松林院住持重實、各遣人來獻土物、

眞弓永・鹽津留聞ノ使人至ル

〔正月壬申〕(二十六日)日本國一岐州眞弓兵部少輔源末(永)・上松浦鹽津留伊勢守源聞、各遣人來獻土物、

那護野寶泉寺源祐位ノ使人至ル

〔正月乙亥〕(二十九日)日本國上松浦那護野寶泉寺住持祐(源)位、遣人來獻土物、

眞弓永・鹽津留聞ノ使人至ル

〔二月甲申〕(八日)日本國一岐州眞弓兵部小輔源永・上松浦(鹽津脫カ)留伊勢守源聞、各遣人來獻土物、

鹽津留聞・呼子高ノ使人至ル

〔二月辛卯〕(十五日)日本國一岐州上松浦鹽津留伊勢守源聞・上松浦呼子一岐守源高、各遣人來獻土物、

鹽津留聞ノ使人至リ、三郎左衞門ノ送還ヲ乞フ
三郎左衞門、父母ハ朝鮮人ナリト詐稱ス

〔二月丙申〕(二十日)議政府據禮曹呈啓、一岐州源(鹽津留)聞使者于界沙也文所傳書曰、三甫羅洒毛(三郎左衞門)、曾以僧奉使、至對馬島還俗、至貴國、詐稱父母原係貴國人、然本是石見州人、且貴國賜送之物、皆盜竊不傳、故將欲加罪、今又潛逃至于貴國、乞送還、請令慶尙道觀察使秘密布置、勿使三甫羅洒毛驚懼、自殺或逃竄、待于界沙也文之回就付、從之、

志佐義ノ使人至ル

〔二月壬寅〕(二十六日)日本國一岐州知主志佐源義、遣人來獻土物、

志佐義ノ使人至ル

〔三月丙午〕(一日)　日本國一岐州志佐源義、遣使來獻土物、

波多島納・松浦盛・神田德ノ使人至ル

〔三月乙丑〕(二十日)　日本國肥前州上松浦波多島源納・源盛(松浦)・源德(神田)、各遣使來獻土物、

壹岐上下松浦ノ諸賊、明ノ沿岸ヲ襲撃ス

從前賊船ハ五島ヨリ發スルモ、今ハ壹岐ヨリ直發ス

〔四月壬午〕(七日)　對馬島敬差官僉知中樞院事元孝然馳啓聞見事件、○中略　一、十一日(三月)、皮尙宜到候樓加臥(古河)家、問藤九郎今到此、將與吾等偕行乎否、候樓加臥密語曰、本島與一岐・上松・下松浦諸賊首等、將船三十餘艘、欲作賊于江南、今日始會議于候那串(船越)、今三月內發行、唯藤九郎、欲隨後往貴國、仍曰、在前賊船、皆於九州以南五島發船、今欲於此島直發、尙宜答曰、無乃欲犯我境乎、答曰否、○後略

對馬ノ賊首、壹岐・上下松浦ノ諸賊ト商議ス

〔四月壬午〕(七日)　移咨遼東都指揮使司曰、議政府狀啓、據慶尙道水軍處置使朴居謙呈、該景泰六年四月初一日、有管軍人朴豈生告稱、對馬島住商倭候樓加臥言說、本道賊首等、與一岐・上松・下松等處諸賊商議、欲於今年四月間、將船二三十隻、前往上國沿海地面打劫、聽此馳報、得此具啓、據此參詳、上項所告、未委虛實、緣係聲息重事、理宜密速飛報、爲此差陪臣行司譯院判官盧相紋、騎坐上等馬匹、不分星夜、賚咨前去外、請照驗聞奏施行、

鹽津留聞・眞弓永・呼子高ノ使人至ル

〔五月丙辰〕(十二日)日本國上松浦鹽津留伊勢守源聞・一岐州眞弓兵部少輔源永・上松浦呼子一岐州守源高、各遣使來獻土物、

鹽津留聞ノ使人太郎左衞門客死ス

〔五月庚申〕(十六日)日本國(鹽津脫カ)留伊勢守源聞所遣上官人大羅沙也文(太郎左衞門)死、令該官葬之、且致祭、

鹽津留聞ノ使人、富山浦倭館ノ前路ニテ三郎左衞門ヲ斬ル

〔五月丙寅〕(二十二日)慶尙道觀察使移文禮曹曰、一岐州源聞(鹽津留)所遣于界沙也文、還到東萊、東萊官即拿三甫羅洒毛(三郎左衞門)、授之于界沙也文、率其下二十餘人、斬於倭舘前路、

鹽津留松林院重實・志佐義・呼子高・鹽津留聞ノ使人至ル

〔六月庚辰〕(六日)日本國上松浦松林院主重實・一岐州知主志佐源義・上松浦呼子一岐州守源高・一岐州上松浦鹽津留伊勢守源聞・對馬州宗成職、各遣使來獻土物、

呼子高代官牧山實ノ使人至ル

〔六月辛卯〕(十七日)日本國宗磨(播磨)播守朝茂、對馬島宗盛家・宗貞國、上松浦呼子一(高)岐代官牧山源實、石見州藤源(原)周布和兼、對馬島主宗成職等、各遣人來獻土物、

眞弓永ノ使人至ル

〔六月癸巳(十九日)〕日本國眞弓兵部少輔源永・對馬島主宗成職、各遣人來獻土物、

那護野寶泉寺源祐位ノ使人至ル

〔閏六月乙丑(二十一日)〕日本國源(大友)持直・上松浦(那護野寶泉寺)僧源祐(位脫カ)・對馬州宗成職、各遣使來獻土物、

波多島納・宇久勝ノ使人至ル

〔閏六月癸酉(二十九日)〕日本國上松浦波多島源納・五島(肥前國松浦郡)宇久守源勝・薩州伊集院寓鎭隅州太守藤熙久・對馬州宗盛家、各遣使來獻土物、

松浦盛ノ使人至ル

〔七月甲戌(一日)〕日本國肥前州宗像郡知守宗象(像)朝臣氏正・上松浦丹後太守源(松浦)盛、各遣使來獻土物、

呼子高・宇久勝ノ使人至ル

〔七月甲申(十一日)〕日本國藤源(原)朝臣(少貳)教頼・呼子源高・五島宇久守源勝・對馬州宗盛家、各遣使來獻土物、

呼子高・眞弓永ノ使人至ル

〔七月甲午(二十一日)〕日本國源(呼子)高・源(眞弓)永、對馬州宗成職・宗盛弘・宗虎(茂世)熊丸、各遣使來獻土物、

倭護軍藤九郎、禮曹ノ新任官ニ九州ノ狀勢ヲ語ル

志佐ハ壹岐ノ太守ニテ上松浦ニ居シ、眞弓ハ其ノ代官トシテ壹岐ヲ守ル

志佐ノ兵數ハ澁川ニ及バズ

呼子・鹽津留ノ勢力ヲ問フ
眞弓ハ代官故呼子・鹽津留ニ如カズ

波多島納ノ兵ハ强シ
宇久ハ志佐ト相等シ
松浦盛ハ志佐ト同等

〔七月丁酉〕(二十四日)兼判禮曹事姜孟卿・參判河緯地・參議洪允成等、接見倭護軍藤九郎曰、我等皆新任本曹、未知九州土地大小及部落之數、欲聞之、汝効力我國久矣、幸詳言之、且欲有所言則勿諱、○中略 孟卿曰、一岐島內、誰强大乎、仇郎曰、一岐小島也、孟卿曰、志佐何等人、仇郎曰、一岐太守也、居肥州上松浦、使眞弓爲代官、守此地、孟卿曰、關西道何地乎、聞源(澁川)教直爲都元帥、然否、仇郎曰、此人年纔過三十、古國王兄直孫、統察九州軍兵、國王文書皆從此發落、雖大內殿亦趍仰、且兼(鎌)倉殿(足利成氏)在關東、與教直一體分治東西、孟卿曰、源(大友)持直與源教直族親乎、大小何如、仇郎曰、非族親、教直如慶尙道觀察使、持直如慶州府尹、大小固不侔、孟卿曰、志佐與持直何如、仇郎曰、志佐不如持直、持直出一萬一千兵、志佐不過五六百餘兵、孟卿曰、持直與藤(伊集院)熙久何如、仇郎曰、似一樣、而藤熙久、在山郡無糧儲、不如持直、孟卿曰、前聞、呼(高)子・鹽(聞)津(留脫)・周布和兼與源教直一樣也、果如汝言、則呼子等不如也、仇郎曰、不及遠矣、孟卿曰、眞弓與呼子・鹽津(留脫)・周布和兼何如、仇郎曰、眞弓雖執權乃志佐代官、不如呼子・鹽津(留脫)・周布和兼之獨擅也、孟卿曰、源納(波多島)何如人、仇郎曰、兵强者也、與呼子相等、孟卿曰、五島宇久守(勝)何如、仇郎曰、雖小既掌五島、與志佐相等、孟卿曰、多多郎(良)朝臣何如、仇郎曰、大內兄也、寓居大友殿地、兼治其半、孟卿曰、丹後太守源(松浦)盛何如、仇郎曰、與志佐同等人也、出五百餘兵、孟卿曰、源德(神田)・義永(草野)・牧山源實何如

牧山ハ呼子ノ代官トシテ壹岐島ニ居ス
平戸ハ土地ヲ失フモ人民ハ失ハズ

人、仇郎曰、源德・義永則不知、牧山源實呼子代官、一岐島內富居人也、然無軍兵、孟卿曰、小二殿居何處、仇郎曰、寓居肥前州、平戸殿雖失土、人民則不失、孟卿曰、近聞小二殿與大內相戰、然乎、仇郎曰、未知其細、但國王、命小二殿復還舊土、然亦未詳其還否、

朝鮮ハ諸島ヲ一家トシテ待ス

又曰、昔日李藝、當大內・小二殿相戰時、奉使日本、以朝鮮奉使、人勿犯護送、況今時則諸島至誠納欵、雖有奉使日本者、豈有抗衡者乎、孟卿曰、我國待諸島、無異一家、且如汝輩効力無貳、眞無此虞、仇郎曰、歲癸亥(世宗二十五年)、賊倭推刷時、我爲鄉(嚮)導、九州等處、多所捕獲、孟卿曰、汝必以爲我輩新官、不知汝有此功而害也、然豈不知、仇郎曰、兩國永好、邊警不起爲上、孟卿曰、我國家待之之道、終始何異、但在汝等誠否耳、吾意以爲、對馬島衣服飲食、專仰我國而生、絕無違逆之事、若小有違逆、則己亥(世宗元年)之征、已有明鑑、仇郎曰、然、孟卿曰、我國兵船空虛事言之、喜喜然、國家備邊之策、非一端、不至踈虞、其間方略不可枚擧、仇郎叩頭而出、

宇久勝・松浦盛ノ使人至ル

〔八月乙巳(二日)〕日本國五島宇久守源勝・肥前丹後太守(松浦)源盛、各遣使來獻土物、

呼子高ノ使人至ル

〔八月丙辰(十三日)〕日本國(少貳)藤原教賴、呼子源高、對馬州宗貞國・宗盛弘、各遣使來獻土物、

上松浦草野義永ノ使人至ル

〔八月庚申〕（十七日）日本國藤源（原）（草野）義永、遣使來獻土物、

志佐氏女ノ使人至ル

〔八月乙丑〕（二十二日）日本國肥前州上松浦志佐源氏女、遣使來獻土物、

眞弓永・宇久勝ノ使人至ル

〔九月甲戌〕（二日）日本國薩州伊集院遇（寓）鎮隅州太守藤熙久・一岐州眞弓兵部少輔源永・五島宇久守源勝、各遣使來獻土物、

神田德ノ使人至ル

〔九月壬辰〕（二十日）日本國一岐州倭護軍藤仇郎・上松浦神田能登守源朝臣德、各遣使來獻土物、

宇久勝・波多島納ノ使人至ル

〔九月辛丑〕（二十九日）日本國薩州伊集院寓鎮隅州太守藤熙久・五島宇久守源勝・肥前州上松浦波多島源納、各遣使來獻土物、

宇久勝ノ使人至ル

〔十月丙辰〕（十四日）日本國五島宇久守源勝、遣使來獻土物、

上松浦九沙島草野義永・鹽津留聞ノ使人至ル

〔十月辛未(二十九日)〕日本國上松浦九沙島義永(草野)・伊勢守源聞(鹽津留)等、遣使來獻土物、

宇久勝・眞弓永・呼子高ノ使人至ル

〔十一月壬申(一日)〕日本國薩州藤(伊集院)熙久・五島宇久守源勝・一岐州眞弓源永・一岐守呼子源高、各遣使來獻土物、

宇久勝・松浦盛ノ使人至ル

〔十一月丁丑(六日)〕日本國五島宇久守源勝・肥前州上松浦丹後太守源盛(松浦)、各遣使來獻土物、

禮曹、對馬ノ宗成職ニ書ヲ致ス

松浦諸氏、近年ハ一歲ニ十餘箇度モ使船ヲ送ル

使船ニ文引ヲ給ヒ、年ニ一

〔十一月庚辰(九日)〕禮曹參議洪允成、奉教致書于對馬州太守宗盛(成)職曰、貴島爲我國門戶、實諸島往來之關、諸島使船、必得貴島文引、然後乃得達也、昔足下先父(宗貞盛)、敬事我國、終始一誠、至於諸處信使之來亦悉彼我之弊、節其往來、故當時若隅州太守藤(伊集院)熙久・一岐州太守志佐源義・上松浦呼子源高・鹽津留伊勢守源聞・眞弓兵部少輔源永・丹後太守源盛(松浦)・上松浦波多島源納・五島宇久守源勝・隅州源(田平)朝臣彈正小弼弘・神田能登守源德等、及其餘深遠處、使船或歲一至、或間歲一至、以輸誠欵而已、近年以來、往來無節、一歲多至十餘度、非徒驛路凋弊、舘待難繼、信使煩數、亦非經遠可行之計、況水路險遠、往來豈無艱苦、足下申守先父舊例、給各處使船文引、一年愼毋過一兩次、以爲恆式、兼諭此意於諸處、使彼此兩便、

永保隣好、不亦可乎、仍希回示、今將特賜糙米二十石・黄豆一十石・虎皮二張・桂二角・茶食二角・松子一石・乾鯉魚一百尾・燒酒二十瓶・淸酒四十瓶、就付護軍井大郎(家次)送去、惟照領、禮曹佐郎康輻、亦以此意、致書于宗盛直、仍送特賜糙米五石・黄豆五石・虎皮一張・桂一角・茶食一角・燒酒十瓶・淸酒三十瓶・乾鯉魚一百尾、

兩度ヲ過ギザラシム

〔十一月甲申〕(十三日)日本國薩州藤(伊集院)熙久・五島宇久守源勝、各遣使來獻土物、

宇久勝ノ使人至ル

〔十一月戊戌〕(二十七日)日本國一岐守源(呼子)高・伊勢守源(鹽津留)聞、各遣使來獻土物、

呼子高・鹽津留聞ノ使人至ル

〔十二月己酉〕(八日)是歲、日本國諸處使送倭人六千一百十六、禮曹議支待事目以啓、一、對馬島則賊船經過要關、如藤(伊集院)熙久・源(宇久)勝及他深遠九州之倭、於國無助、而多賫銅鑞鐵、絡繹往來、民人受弊、國家糜費亦不貲、今後每答書當曰、自古隣國通好、或歲一通、或再世一通、講信修睦而已、足下以納欵爲辭、一年使者多至幾番、往來絡繹、唯務圖利、實非納欵之誠、今後遣人一年、不過一二次、如或違約、不許舘待、回還糧物、竝不支給、又於本曹饋餉時、幷說是意、○後略

是ノ歲日本ヨリノ使人六千餘名ニ及ブ

宇久勝

朝鮮、接待ノ制規ヲ定ム

田平弘ノ使人至ル

〔十二月癸丑(十二日)〕日本國肥前州田平(松浦郡)寓鎭彈正小弼弘・藤源(原)定泉、各遣使來獻土物、

宇久勝ノ使人至ル

〔十二月丙辰(十五日)〕日本國五島宇久守源勝、遣使來獻土物、

一〇三五

○朝鮮王朝實錄　世祖二年（康正二・一四五六）

山城守源吉・松浦盛・眞弓永ノ使人至ル

〔正月乙酉(十五日)〕日本國肥前州下松浦山城太守源吉・肥前州松浦丹州太守源盛・一岐州眞弓兵部少輔源永、各遣使來獻土物、

鹽津留聞ノ使人至ル

〔三月甲戌(五日)〕日本國鹽津留伊勢守源聞、遣使來獻土物、

鹽津留聞・志佐義・宇久勝ノ使人至ル

〔三月乙亥(六日)〕日本國一岐州上松浦留(鹽津脱)伊勢守源聞・一岐州源義(志佐カ)・五島(肥前國松浦郡)宇久守源勝、各遣使來獻土物、

眞弓永・宇久勝・呼子高ノ使人至ル

〔三月壬辰〕(二十三日)日本國關西道豐州太守源持直(大友)・眞弓兵部小輔源永・五島宇久守源勝・呼子源高・對馬州宗成職、各遣使來獻土物、

眞弓永・鹽津留聞・呼子高ノ使人至ル

〔三月癸巳〕(二十四日)日本國眞弓兵部小輔源永・鹽津留伊勢守源聞・薩州藤熙久(伊集院)・呼子源高、各遣使來獻土物、對馬州倭護軍六郎洒毛(六郎左衛門)、亦獻土物、

三島ノ倭人、邊防ノ疎虞ヲ笑フ

〔四月乙巳〕(六日)禮曹參議洪允成啓曰、國家專意兩界・南方守禦、則不曾加意、況近來倭人貿易者、勢不如古、臣恐、乘釁入寇、則無以禦之、請申明防禦之策、傳曰、南方備禦之策、予非不加意、既設翼鎭、又擇邊將、如有可言、其悉條陳、允成曰、臣之所言、止此而已、但倭護軍藤仇郎、嘗到本曹言、諸浦水軍、或採海物、或因使喚、散出無餘、三島倭人、皆指笑、以此觀之、則我國邊禦踈虞、彼悉知之、今之邊將、以此待倭、彼豈畏服乎、左承旨具致寬曰、允成之言、意在擇遣邊將、而選任非其職故、不敢言耳、上曰、予知卿意、

呼子高・宇久勝ノ使人至ル

〔四月癸丑〕(十四日)日本國上松浦呼子源高、五島宇久守源勝、對馬州宗貞國・宗盛家、各遣使來獻土物、

宇久勝ノ使人至ル

〔四月戊午〕(十九日)日本國對馬州宗成職・五島宇久守源勝、各遣使來獻土物、倭護軍阿馬豆(盛數)、亦來獻土物、

呼子高・神田德ノ使人至ル

〔四月辛酉〕(二十二日)日本國對馬州護軍井大郎(家次)子司正井可(職家)文愁界、來獻土物、宗蟠(播)磨守朝茂・上松浦呼子源高・神田能(登脱)守源德、亦各遣使來獻土物、

鹽津留觀音寺宗殊・宇久勝ノ使人至ル

〔五月乙亥〕(七日)日本國薩摩州日向太守藤源(原)盛久・上松浦觀音寺看主宗殊・五島宇久守源勝・對馬州宗盛家、各遣使來獻土物、

眞弓永ノ使人至ル

〔六月庚子〕(二日)日本國對馬島主宗成職・宗賀茂、眞弓兵部少輔源永、各遣使來獻土物、

眞弓永ノ使人至ル

〔七月乙未〕(二十八日)日本國肥前州眞弓兵部少輔源永、遣使來獻土物、

一〇三六

○朝鮮王朝實録　世祖三年（康正三・長祿元・一四五七）

山城守源吉ノ使人至ル

〔二月壬戌（二十八日）〕日本國肥前州下松浦山城太守源吉、遣使來獻土物、

呼子高ノ使人至ル

〔三月甲子（一日）〕日本國一岐州上松浦呼子源高、遣人來獻土物、對馬州中尾彈正平盛秀等、亦來獻土物、

田平弘・御厨満ノ使人至ル

〔三月癸巳（三十日）〕日本國肥前州田平（松浦郡）寓鎭源朝臣彈正少弼弘及肥前州下松浦三栗野（御厨）太守源滿・薩摩州日向太守藤源（原）盛久、各遣使來獻土物、

御厨満ノ使人至ル

〔四月甲辰（十一日）〕日本國肥前州上（下）松浦三栗野（御厨）太守源滿・薩摩州日向太守藤原盛久、各遣使來獻土物、

山城守源吉・呼子高ノ使人朝參ス

〔四月戊午（二十五日）〕御勤政門、受朝參、日本國對馬島宗貞盛使者時羅多羅（四郎太郎）等二人・肥前州上（下カ）松浦山城太守元（源）吉使者可文都老（掃部殿）等二人・一岐州呼子源高使者和知羅沙也文（八郎左衛門）・對馬州護軍中尾

彈正（盛秀）等二人、隨班、

眞弖永ノ使人至ル

〔四月壬戌（二十九日）〕日本國對馬島宗盛職（成）・宗虎熊丸（茂世）、一岐州眞弖兵部少輔源永、各遣使來獻土物、

鹽津留松林院重實ノ使人至ル

〔五月庚寅（二十八日）〕日本國對馬島宗盛家・一岐州上松浦重實、各遣使來獻土物、

那護野寶泉寺源祐位ノ使人至ル

〔六月己亥（七日）〕日本國肥前州上松浦寶泉寺住持源祐位、對馬島宗盛家・宗盛弘・宗貞國、各遣使來獻土物、

平戸義ノ使人至ル

〔六月己酉（十七日）〕日本國肥前州太守源義（平戸）・對馬州宗貞國、各遣使來獻土物、

鴨打永ノ使人至ル

〔九月丙子（十五日）〕日本國對馬島宗盛直・肥前州上松浦鴨打源永、各遣使來獻土物、

上松浦草野永氏ノ使人至ル

〔九月丁丑（十六日）〕日本國西海路一岐州護軍藤仇郎子司正也三甫羅（彌三郎）、來獻土物、上松浦九沙島主藤（原）源朝臣次郎（草野永氏）・關西路肥後州瀨高郡守藤（原）源武麿（高瀨武教）、各遣使來獻土物、

平戸義ノ使人至ル

〔九月丙戌〕(二十五日) 日本國肥前州平戸(松浦郡)前寓鎭肥州太守源義、遣使來獻士(土)物、

松浦盛ノ使人至ル

〔十月戊戌〕(八日) 日本國對馬島宗成職・肥前州松浦丹後太守源盛、各遣使來獻土物、

呼子高ノ使人至ル

〔十月戊午〕(二十八日) 日本國豐州太守太(大)友親繁、肥前州上松浦呼子源高、對馬州宗貞國・宗盛直、各遣使來獻土物、

〇成宗實錄

一〇三七

平戸義出家シテ一庵ト號ス足利義教ノ恩顧ヲ忘レズ普廣院ニ三萬疋ヲ獻ズ

(長祿二年六月)廿日、九州松浦(平戸義)肥前出家號一庵、昔年蒙普廣院殿(足利義教)恩顧、是故以不忘其舊、當年忌上洛詣于(山城國愛宕郡)普廣院燒香、獻三万疋云々、此由以春阿披露之、〇後略

〇蔭凉軒日錄

一〇三八　○蔭凉軒日錄

観音院炎上ニヨリ、平戸義渡唐類船ヲ免許セラル

（長祿二年七月）十五日、○中略細河右馬頭（政國）殿以狀被申、松浦肥前入道（平戸義）爲僧號一庵、依領內（肥前國松浦郡）觀音院炎上、而奉望渡唐之類船之事、卽御免許也、○後略

一〇三九　志佐義書下案　○吉永文書

志佐義、吉永大輔ニ一町四反ヲ遣ス
一年ニ二三度ノ渡海ヲ求ム

新庄二町之內一町四反、吉永大輔給所遣候、領內六反者、藏ぬし名神嶽望候、同切方屋敷相副候て進之候、近邊弓矢之時者、築山采女なとのことく、一年に二三度つゝ渡海候而、堪忍あるへく候、仍爲後日如件、

長祿貳十一月九日　源（志佐）義在判

一〇四〇　○朝鮮王朝實錄　世祖四年（長祿二・一四五八）

神田德ノ使人至ル

〔正月戊寅〕（十九日）日本國神田能登守源德、遣使來獻土物、

神田德ノ使人ニ苧麻布ヲ賜フ

〔二月壬辰(三日)〕賜對馬島主宗成職鞍子一衣一襲、代官宗盛直鞍子一、肥前州源(神田)德苧麻布各三四、

呼子高ノ使人至ル

〔閏二月戊辰(十日)〕日本國對馬島主宗成職・上松浦呼子一岐守源高、各遣使來獻土物、

鹽津留聞ノ使人至ル

〔七月辛亥(二十六日)〕日本國上松浦鹽津留伊勢守源聞、遣使人來獻土物、一岐州倭大護軍藤仇郎司(子脱カ)正也三甫羅(彌三郎)・建州衞野人都督李滿住子都萬戸阿具等、來獻土物、

波多島納・宇久勝ノ使人至ル

〔十二月乙亥(二十一日)〕日本國上松浦波多島源納・五島宇久大和守源勝・對馬島太守宗貞國、各遣使來獻土物、

一〇四一

○朝鮮王朝實錄　世祖五年（長祿三・一四五九）

眞弓永ノ使人至ル

〔三月癸未(一日)〕日本國對馬島主宗成職及宗盛直・一岐州眞弓源永・筑前州大宰都督司馬少卿

藤源(原)(少貳)朝臣教頼、各遣使來獻土物、

〔四月己未(八日)〕　幸慕華舘迎勅、至勤政殿受勅、行禮如儀、○中略　嘉猷(陳)曰、奏本亦須明白開具、上答曰、當如大人指示、一一具奏、且我國西北連野人、東南近倭人、若日本國、則相去夐遠、往來稀闊、至如對島・一岐・覇家臺(博多)等三島倭人、屢生邊釁、我國不得已隨所討索、給與米・布、煩費不小、朝廷焉知我國細事、今應接野人、亦出於不得已耳、○後略

三島ノ倭人ニ米・布ヲ給フ

〔五月壬辰(十一日)〕　日本國對馬島主宗成職・一岐州眞弓源永、各遣使來獻土物、

眞弓永ノ使人至ル

〔八月壬申(二十三日)〕　以僉知中樞院事宋處儉、爲日本國通信使、行護軍李從實爲副、宗簿注簿李覲爲書狀官、賚禮物與秀彌偕往、又令賚紬三百匹・白金五百兩、求買我國所無書籍等物、其書契曰、朝鮮國王奉書日本國殿下(足利義政)、○中略　禮曹判書洪允成奉書日本國大內多多良公(教弘)足下、○中略　禮曹參判黃孝源、奉書日本國大和守(飯尾元連)足下、○中略　禮曹判書洪允成奉書日本國畠山修理(義忠)大夫源公足下、○中略　禮曹判書洪允成奉書日本國左武衞(斯波義敏)源公足下、○中略　禮曹判書洪允成奉書日本國管領(細川勝元)足下、○中略　禮曹判書洪允成奉書日本國京極佐佐木氏大膳大夫源公(持清)足下、○中

日本國通信使ヲ任命ス

禮曹佐郎金永堅、書ヲ志佐義・佐志正ニ送ル

略　禮曹參判黃孝源奉書日本國關西道大友(親繁)源公足下、〇中略　禮曹參議徐居正奉書對馬州太守宗(成職)公足下、〇中略　禮曹佐郎金永堅、奉書日本國肥前州松浦一岐州太守志左(佐)源(義カ)公足下、緬惟動止佳勝、爲慰爲慰、足下不忘舊好、每遣信使、遠輸誠欵、殿下嘉之、特賜白細苧布五匹・白細綿紬五匹・邊兒寢席十張、就付通信使僉知中樞院事宋處儉前去、惟照領、仍冀護送、秋涼、順序保練、禮曹佐郎金永堅、奉書日本國一岐州佐志源(正カ)公足下、足下每遣信使、益敦舊好、殿下嘉乃誠欵、特賜白細苧布五匹・白細綿紬五匹・邊兒寢席十張、就付通信使僉知中樞院事宋處儉前去、惟照領、仍冀護送、秋涼、以時自保、

〇蔭涼軒日録

一〇四二

平戸一庵勘合ヲ免許セラル

八日(長祿四年五月)、松浦(平戸義)一庵勘合、依御約束可有御免許之由、自管領細河(勝元)殿被申之由披露之、可有御免許之由被仰出也、依伊勢守(伊勢貞親)所申披露、〇後略

一〇四三

○朝鮮王朝實錄　世祖六年（長祿四・寛正元・一四六〇）

神田德ノ使人至ル

〔四月辛亥〕（五日）日本國西海路上松浦神田能登守源德・筑前州太宰都督司馬少卿藤源（原）教賴（少貳）・西海路肥後筑復（後）二州太守菊池藤源（原）爲邦等、各遣使來獻土物、對馬島司直源茂奇（崎）・兀良哈都萬戶林高古・上護軍李伊里可金豆雞代・莽剌指揮塔魯哈寧捨・司正巨伊老・學生老要古金毛下里等、來獻土物、

呼子高ノ使人至ル

〔四月戊午〕（十二日）日本國一岐州呼子源高、遣使來獻土物、

御廚滿ノ使人至ル

〔五月辛巳〕（六日）日本國肥前州下松浦三栗野（御厨）太守源滿・關處鎭守秦盛幸、各遣使獻土物、

波多島納ノ使人至ル

〔六月戊辰〕（二十三日）日本國關西路肥筑二州太守藤源（原）朝臣菊池爲邦・對馬州太守宗貞國・肥前州上松浦波知（多）島源納、各遣使來獻土物、

宇久勝・鹽津留聞ノ使人至ル

〔六月壬申〕（二十七日）日本國五島（肥前國松浦郡）宇久守源勝・鹽津留伊勢守源聞・豐州守大友親繁・對馬州太守宗

成職、各遣使來獻土物、

鹽津留聞ノ使人至ル

〔九月丁丑〕(四日) 日本國左兵衞源義敏(斯波)・薩摩州藤持久(島津)・一岐州源聞(鹽津留)・對馬州宗虎熊丸(茂世)、各遣使來獻土物、

松浦盛ノ使人至ル

〔十月甲辰〕(二日) 日本國肥前州松浦丹後太守源盛、遣使來獻土物、

一〇四四

○朝鮮王朝實錄　世祖七年(寛正二・一四六一)

那護野寶泉寺源祐位・呼子高代官牧山實ノ使人至ル

〔正月乙巳〕(四日) 日本國肥前州上松浦那護野寶泉寺源祐位・上松浦呼子一岐州代官枝(牧)山帶刀源實(高)、各遣人來獻土物、

上松浦草野永氏ノ使人至ル

〔正月戊申〕(七日) 日本國肥前州上松浦九汝(沙)島主藤原次郎(草野永氏)、遣人來獻土物、

鴨打永ノ使人至ル

〔三月辛亥〕(十日) 日本國肥前州上松浦鴨打源永・對馬州太守宗成職、各遣人來獻土物、

宇久勝ノ使人至ル

〔三月甲寅〕(十三日) 日本國筑前州大宰都督司馬少卿(少貳)藤(原)源(衍)明朝臣教頼・五島宇久守源勝、各遣人來獻土物、

宇久勝ノ使人至ル

〔七月乙巳〕(七日) 日本國石見州藤氏周布和兼・(肥前國松浦郡)五島宇久守源勝、各遣人來獻土物、

志佐義ノ使人至ル

〔十二月癸巳〕(二十七日) 日本國肥前州松浦一岐州太守志佐源義、遣人來獻土物、倭護軍平茂特(早田)(持)等、亦來獻土物、

一〇四五　青方頼等連署押書狀案

○青方文書

青方浦住人等、寄合ヒ申定ム

(端裏書)「白魚殿　進」

このにんしゆ(人数)□(とカ)してやま□
人たいを申さため候なり□
このしたをもつてはんし□

しとうおハほんしようも□□（んの）
まゝたるへし、すこしも□
申ましく候、仍あつ状如□（件）、
于時寛正三年壬午歳三月十□（日）

（青方頼カ）
さきやうミのゝ守□（判）
まつた□（同）
なかた□（同）
浦大隅守□（同）
鮎河伊豆守□（同）

青方氏
松田氏
長田氏
浦氏
鮎河氏

○安國寺文書

一〇四六　志佐義寄進状

志佐義、壹岐安國寺佛殿造營ノタメ石田鄕ヲ寄進ス

壹岐洲
（壹岐郡）
安國禪寺就佛殿御造營、（石田郡）石田鄕奉新寄進、
右、爲意趣者、源義（志佐）子孫繁盛幷弓箭守護、仍　當寺安久、現當二世悉地成就、新寄附之證

狀如件、

寛正三年六月十四日

壹岐守源義（花押）

安國寺

一〇四七　志佐義寄進狀

○安國寺文書

志佐義、安國寺ニ拾壹町三段三丈中五升一合分ヲ寄附ス

當寺境內山林竹木幷坪付之事、拾壹町三段三丈中五升一合分、寄附之處如件、

寛正三年

六月廿九日

壹岐守源義（志佐）（花押）

安國寺（壹岐國壹岐郡）侍者御中

一〇四八　志佐義證狀

○安國寺文書

志佐義、安國寺ニ石田鄕ヲ寄進ス
印通寺浦ハ留保ス

壹岐洲石田鄕（石田郡）之事、
當寺へ致寄進候、此內印通寺浦（石田郡）之事、此方へ御意無相違候間、如前知行申候、仍石田鄕內
田畠幷境目已下、如先々寺家可爲御知行候、若異亂申方候者、自是も堅固可致其沙汰候、
爲後日一筆證狀如件、

寛正三年
六月日　源義（志佐）（花押）

安國寺（壹岐國壹岐郡）

一〇四九　志佐義證狀※

○安國寺文書

海印寺

志佐義、安國寺ニ石田鄕ヲ寄附ス

（端裏書）「安國海印寺　源義（志佐）」

爲當國（壹岐國石田郡）石田鄕之事、壹岐守源義弓箭守護幷子孫繁昌、奉寄附者也、於若如是處、少異亂煩輩
者、可致堅固其成敗候、且者不可餘順存度候間、雖少所寄附申候處、自然對彼鄕內御寺領

異儀方候者、則蒙仰、不移時可致成敗候、少不可有無沙汰儀者也、仍爲後日證狀如件、

一〇五〇

○朝鮮王朝實錄　世祖八年（寛正三・一四六二）

宇久勝・志佐義ノ使人至ル

〔四月己卯〕（十四日）日本國畿内住津州兵庫津平方子民部衞（尉カ）忠吉・五島宇久守源勝・肥前州松浦志佐一岐州太守源義、皆遣人來獻土物、

鹽津留松林院重實ノ使人至ル

〔五月癸卯〕（九日）日本國上松浦鹽津留松林院源重實、遣人來獻土物、

松浦盛ノ使人至ル

〔五月甲寅〕（二十日）日本國肥前州上松浦丹後太守源（松浦）盛、遣人來獻土物、倭護軍六郎洒（左衞門）文、亦來獻土物、

佐志源次郎ノ使人至ル

〔五月壬戌〕（二十八日）日本國肥前州上松浦佐志源次郎、遣人來獻土物、

一〇五一

○朝鮮王朝實錄　世祖九年（寬正四・一四六三）

鹽津留聞ノ使人至ル

〔二月庚申（一日）〕日本國上松浦一岐州鹽津留伊勢守源聞、遣人來獻土物、

田平弘ノ使人至ル

〔二月辛未（十二日）〕日本國肥前州田平（松浦郡）寓鎮小弼弘、遣人來獻土物、

平戸義ノ使人至ル

〔四月丙寅（七日）〕日本國肥前州平戸（松浦郡）前寓鎮肥州太守源義、遣人來獻土物、

佐志源次郎ノ使人至ル

〔四月甲戌（十五日）〕日本國肥前州上松浦佐志源次郎、遣人來獻土物、

神田徳ノ使人至ル

〔六月己卯（二十一日）〕日本國關西路肥築（筑）通守菊池藤源（原）朝臣爲邦・西海道肥前州上松浦神田能登守源徳・對馬州太守宗成職・對馬州宗信濃守盛家、各遣人來獻土物、

御廚満ノ使人至ル

〔七月戊戌（十一日）〕日本國對馬州平朝臣宗彦八郎茂世代官宗盛直・肥前州下松浦三栗野（御廚）大守源満、各遣人來獻土物、

呼子高代官牧山實ノ使人至ル
〔七月癸卯〕(十六日)日本國對馬州代官宗盛直・上松浦呼子(高)一岐州代官牧山帯刀源實、各遣人來獻土物、

宇久勝ノ使人至ル
〔七月丁未〕(二十日)日本國對馬州宗貞國・宗盛弘、五島宇久守源勝、石見州藤源(原)周布和兼、各遣人來獻土物、

波多島納ノ使人至ル
〔閏七月戊辰〕(十一日)日本國對馬州宗貞國代官宗盛直・肥前州上松浦波多島源納等、各遣人來獻土物、

松浦盛・宇久勝・眞弓永ノ使人至ル
〔閏七月辛未〕(十四日)日本國對馬州宗盛弘・宗茂世・宗盛家、關西路肥・筑二州太守藤源(原)朝臣菊池爲邦、肥前州上松浦丹後太守源盛(松浦)、五島宇久守源勝、肥前州一岐州眞弓兵部小輔源永等、各遣使來獻土物、倭護軍井可文愁戒(職家)等、來獻土物、

上松浦草野永氏ノ使人至ル
〔八月壬辰〕(六日)日本國西海路筑前州冷川津(泉)尉田原成(貞脫)・肥前州上松浦九沙島主藤源(原)(草野永氏)次郎・薩摩

州日向太守藤源〔原〕盛久、各遣人來獻土物、

〔八月丁酉〕（十一日）日本國對馬州宗盛家・宗貞國、上松浦鹽津留松〔林脱〕院主源重實、肥前州上松浦呼子一岐守源高等、各遣人來獻土物、

鹽津留松林院重實・呼子高ノ使人至ル

〔九月壬午〕（二十六日）日本國一〔岐脱〕州倭護軍阿〔盛數〕馬豆等二人・肥前州上松浦那護野寶泉〔寺脱〕源祐位、遣伊羅沙也文等二人、來獻土物、

上松浦那護野寶泉寺源祐位ノ使人至ル

〔十月甲寅〕（二十九日）日本國都督司馬少卿〔少貳〕敎頼・平朝〔千葉〕臣元胤・宗茂世・源永〔眞弓〕等、各遣使來獻土物、

眞弓永ノ使人至ル

〔十二月丁未〕（二十三日）日本國對馬州宗成職・上松浦鹽津留伊勢守源聞、各遣人來獻至〔土〕物、

鹽津留聞ノ使人至ル

一〇五二 青方浦住人等連署起請文

○青方文書

（端裏書）
「起請文　青方之人數」

青方浦住人等、青方一跡ハ石田三郎二郎ノ

他ニナキ旨起請文ヲ書ク

女子一跡ヲ相續スベカラザル子細ナシト申シ、靑方一跡ヲ望ム

さいはい〳〵うやまつて申
きしやうもんの御事、
まつたくもつてあうかたのこゝ(故後カ)の御□(事)、へたう(別當)ともよりあひ候て、よひのほせ申候て、あ
まになし申候て、しう(主)とたのミ申へきよし、つや〳〵おもひより申さす候、ことにもつ
てあうかたの一せきの御□(事カ)、いした三ふ郎二郎とのよりほかハ、へちの御人たいを、あ
うかたとのたのミ申へき□(御)人たい、つや〳〵おもひより申さす候、な□(か)にもなかたはう
さきのあうかたとのこゝさうか候ニよつて、あうかたの一せきの御事、おんなこ一せき
をもつましき子細□□□(なく候)よしを申候て、あうかたの一せきをのそミ申候よし、はん七郎
いぬの御みゝたち申候、つや〳〵おもひより申さす候、もしこのてう(條)いつわり申候ハヽ、
奉始梵天・帝釋・四大天王、惣而日本六十餘州之大小之神祇冥道之御罰を、此人數一人不
漏、八万四千の毛のあなことにまかりかうむり、今生ハ果報をうしない、後生ハ無間大
道の底ニ沈申へく候、依起請文如件、

五郎さへもん(花押)
しんゑもん(花押)
みのゝかミ(花押)

町田氏　まち　た（花押）
神崎氏　かうさき（花押）
長田氏　なか　た（花押）
白魚氏　しろいを（花押）
鮎河氏　あいかわ（花押）

寛正五歳　三月八日

一〇五三

○朝鮮王朝實錄　世祖十年（寛正五・一四六四）

鹽津留松林院重實ノ使人至ル

〔七月甲戌〕（二十三日）日本國畿內攝津州兵庫津平方民部尉忠吉・對馬州宗右衞門尉盛弘・一岐州上松浦鹽津留松林院源重實等、各遣人來獻土物、

宇久勝・鴨打永ノ使人至ル

〔七月丙子〕（二十五日）日本國五島宇久守源勝・肥前州上松浦（肥前國松浦郡）鴨打源永・關西路筑前州太宰府都督司馬少卿藤（原）源朝臣教賴（少貳）等、各遣人來獻土物、

佐志源次郎・宇久勝・眞弓永ノ使人至ル

〔七月庚辰〕（二十九日）日本國肥前州上松浦佐志源次郎・關西路安藝州小早川美作守平朝臣持平・石

見州周布藤源〔原〕和兼・五島宇久守源勝・一岐州守護代官眞弖兵部少輔源永等、各遣人來獻土物、

波多島納・松浦盛・佐志滿ノ使人至ル

〔七月辛巳〕〔三十日〕日本國上松浦波多島源納・肥前州上松浦丹後大守源盛〔松浦〕・薩州伊集院寓鎭隅州太守藤熙久・西海路筑前州宗像郡知守朝臣氏卿〔鄕〕・上松浦一岐州佐志迅〔マヽ〕源滿等、各遣人來獻土物、

山城守源吉ノ使人至ル

〔八月癸未〕〔二日〕日本國對馬州平朝臣宗彥七貞國・賀築〔加筑〕二州守仁保平氏盛安・肥前州下松浦山城太守源吉等、各遣人來獻土物、

呼子高ノ使人至ル

〔八月甲申〕〔三日〕日本國西海道筑前州大宰府都督司馬少卿〔藤脫〕〔少貳〕原朝臣教賴・西海道防州山口居住大內進亮多多良朝臣教之・薩摩州日向太守藤源〔原〕盛久・關西道薩摩州島津藤源〔原〕朝臣持久・上松浦呼子一岐州守源高等、各遣人來獻土物、

御廚滿・神田德ノ使人至ル

〔八月乙酉〕〔四日〕日本國肥前州下松浦三栗〔御廚〕野太守源滿、對馬州仁位郡宗信濃守盛家・平朝臣宗

彦八郎茂世、西海路肥前州上松浦神田能登守源德等、各遣人來獻土物、

上松浦草野永氏ノ使人至ル

〔八月戊戌〕(十七日)日本國對馬州太守宗成職・肥前州小城千葉介平朝臣元胤・肥前州上松浦九沙島主藤源(原)次郎(草野永氏)・西海路豐州太守大友八郎源朝臣師能・對馬州守護代官平朝臣宗右馬助盛直等、各遣人來獻土物、

鹽津留觀音寺宗殊・呼子高・眞弓永・宇久勝ノ使人至ル

〔九月乙卯〕(五日)日本國一岐州上松浦鹽津留觀音寺看主宗殊・對馬州宗右衞門尉盛弘・上松浦呼子一岐守源高・一岐州眞弓兵部少輔源永・五島宇久守源勝・對馬州平朝臣宗彦七貞國、各遣人來獻土物、

田平弘ノ使人至ル

〔九月丙子〕(二十六日)日本國對馬州守護代官平朝臣宗右馬助盛直・上津郡追捕(浦)平朝臣宗伯耆守茂次・仁位郡宗信濃守盛家・關西路九州都元帥源效(教)直(澁川)・肥前州(松浦郡)田平寓鎭源朝臣彈正少弼弘等、各遣使來獻土物、

田平弘ノ使人至ル

〔十月丁未〕(二十七日)日本國肥前州田平寓鎭朝臣彈正小弼弘、遣使來獻土物、

田平弘ノ使人至ル

〔十一月甲子〕（十五日）日本國對馬州上津郡追浦平朝臣宗伯耆守茂次・仁位郡宗信濃守盛家・關西路九州都元帥源（澁川）教直・肥前州田平寓鎭原（源）朝臣彈正少弼弘、各遣人來獻土物、

○戊子入明記

一〇五四　室町幕府奉行人連署奉書寫

唐船奉行

一、本奉行飯尾太（大）和守元連
一、副奉行同肥前守之種

松浦一族ニ渡唐荷物船ノ警固ヲ命ズ

一、御奉書
渡唐荷物船事、對馬國津々浦々致警固、無其煩可運送之旨、可被加下知之由、可被仰下（所）也、仍執達如件、

寛正六年六月廿日　　太和守（飯尾元連）判
散位（飯尾之種）同

宗刑部少輔（成職）殿

上松浦一族呼子義

一、上松浦一族中　　一、松浦壹（義）岐守喚（呼）子

下松浦一族
奈留
佐志・志佐
大島
宇久勝
平戸義

一、下松浦同前　　一、奈留方
一、佐志志佐同前　　一、大嶋方
一、大友方（親繁）　　一、宇久大和方（勝）
一、大内方（教弘）　　一、平戸松浦肥前守方（義）
一、藝州守護方山名殿（是豊）
一、備後國守護方同
一、播磨國守護方（山名持豊・宗全）
一、備前國守護方（山名教之）幷備中守護方（細川勝久）
一、諸國所々海賊中
一、攝津國守護方（細川勝元）

一〇五五　渡唐船下行物注文寫※

○戊子入明記

渡唐御船色々下行注文
一、參百陸拾貫文　　米貳百五十斛　貫別七斗充、

此米（天與淸啓）正使・居座・客人衆以下百人十二月粮米、
毎日人別四合充、白米定、

一、貳百五十六貫文　米百漆十斛　貫別七斗充、
船方五十人分十二月同粮米、毎日人別
一升充、

一、五貫文　米三斛五斗　御馬二疋粥毎日
一斗充六ヶ月分、

一、漆貫文　米五斛　洋中糯料

一、三拾貫文　醬米大豆代　加桶薪、

一、八貫文　鹽醬細々料

一、拾貫文　御馬貳疋大豆毎日六升充
半年分、

一、五貫文　洋中蠟燭

一、五貫文　油御厩定燈

一、貳貫文　茶廿斤代

一、拾貫文　洋中船方酒

一、貳貫文　太刀二腰　日本唐土見山祝

一、貳拾貫文　十二月分　船方節供朔日祝色々

一、五貫文　炭　茶湯料

一、拾五貫文　薪　旦々
一、拾貫文　船方正月餅酒
一、貳貫文　五節供小豆代
一、三貫文　船中祈禱
一、拾貫文　櫛田・筥崎・住吉臨時祭・赤間關八幡・門司隼人・志賀・櫛田・筥崎・住吉・平戸七郎殿（肥前國松浦郡）・神功皇后、各太刀一腰充、神樂在之、平戸七郎神
一、三拾貫文　船頭賃
一、四百六十貫文　水夫四十七人內　雜仕二人、五貫文充、
一、百貫文　藁綱・鐵猫・篷・帆席・葛麻綱・手桶・縛桶・料桶・繩・藤綱
一、三百貫文　船賃　但於新造不及是非也、
惣而渡唐之船者千石斗分、尤ニ候哉、
一、參百貫文　同造作賃
一、拾貫文　水槛刺賃
一、百貫文　細々料居座方持之、
已上、貳仟陸拾五貫文　及ニ千石可積船之事也、
一、鑵子碇三个內　二个者和泉丸在之、一个者寺丸在之、何モ公方様之碇、

一〇五六

○朝鮮王朝實錄　世祖十一年（寛正六・一四六五）

呼子義ノ使人至ル

〔正月庚申〕（十二日）日本國對馬州太守宗成職・關西路筑前州太宰府都督司馬少卿藤源（原）朝臣教頼（少貳）・肥前州上松浦呼子一岐守源義等、各遣人來獻土物、

御廚滿ノ使人至ル

〔四月辛巳〕（五日）日本國西海道筑前州太宰府都督司馬小卿藤源（原）朝臣教頼（少貳）・肥前州下松浦三栗野（御廚）太守源滿等、各遣人來獻土物、

田平弘ノ使人至ル

〔五月戊申〕（二日）日本國肥前州田平（松浦郡）寓鎭源朝臣彈正小弼弘・對馬州守護代官平朝臣宗右馬助盛直等、各遣人來獻土物、

鹽津留觀音寺宗殊ノ使人至ル

〔五月辛亥〕（五日）日本國一岐州上松浦鹽津留觀音寺看主宗殊・對馬州仁位郡宗信濃守盛家等、各遣人來獻土物、

波多島納ノ使人至ル

〔五月辛未（二十五日）〕日本國肥前州上松浦波多島源納、遣使來獻土物、

波多島納・神田德ノ使人至ル

〔六月己卯（三日）〕日本國上松浦波多島源納・西海道肥前州上松浦神田能登守源德・對馬州仁〔位〕信郡宗信濃守盛家等、各遣人來獻土物、

呼子義代官牧山實ノ使人至ル

〔六月癸未（七日）〕日本國上松浦呼子一〔義〕岐州代官牧山帶刀源實・對馬州平朝臣宗右衞〔門脱〕尉盛弘等、各遣人來獻土物、

宇久勝・鴨打永ノ使人至ル

〔七月丁未（二日）〕日本國宇久守源勝・對馬州太守宗成職・肥前州上松浦鴨打源永等、各遣人來獻土物、

眞弓永・鹽津留松林院重實ノ使人至ル

〔七月己酉（四日）〕日本國一岐州守護代官眞弓兵部少輔源永・上松浦一岐州鹽津留松林院主源重實・薩摩州日向太守藤〔原〕源盛久等、各遣人來獻土物、

松浦盛ノ使人至ル

〔七月癸丑（八日）〕日本國關西路九州都元帥〔源〕澁（澁川）教直・對馬州守護代官平朝臣宗右馬助盛直・肥前

州小城千葉介平朝臣元胤・上松浦丹後太守源(松浦)盛等、各遣人來獻土物、

佐志源次郎・志佐義ノ使人至ル

〔七月己未〕(十四日)日本國肥前州上松浦志佐(佐志)源次郎、一岐州太守源義(志佐カ)、對馬州平朝臣宗彦七貞國・平朝臣宗彦九郎貞秀・平朝臣宗彦八郎茂世、各遣人來獻土物、

佐志源次郎ノ使人至ル

〔八月戊寅〕(三日)日本國肥前州上松浦志佐(佐志)源次郎・對馬州太守宗成職等、各遣人來獻土物、

眞弓永・佐志源次郎ノ使人至ル

〔八月己卯〕(四日)日本國一岐州守護代官眞弓兵部少輔源永・肥前州上松浦志佐(佐志)源次郎・對馬州太守宗成職、各遣人來獻土物、

鹽津留聞・田平弘ノ使人至ル

〔八月癸未〕(八日)日本國上松浦一岐州鹽津留伊勢守源聞・西海路筑前州宗像郡知守宗像朝臣氏卿(鄕)・肥前州田平(松浦郡)寓鎭源朝臣彈正少弼弘等、各遣人來獻土物、

宇久勝ノ使人至ル

〔九月戊申〕(四日)日本國五島(肥前國松浦郡)宇久守源勝・關西路薩摩州島津藤源(原)朝臣持久等、各遣人來獻土物、

那護野寶泉寺源祐位ノ使人至ル

〔十一月壬子(八日)〕日本國對馬州太守宗成職・平朝臣宗彦八郎茂世・肥前州上松浦那護野寶泉寺源祐位等、各遣人來獻土物、

山城守源吉ノ使人至ル

〔十一月戊午(十四日)〕日本國肥前州下松浦山城太守源吉・對馬州關處鎮守秦盛幸・佐護郡代官平朝臣宗大膳助茂友等、各遣人來獻土物、

一〇五七

○蔭涼軒日録

呼子浦ニ惡風起チ、渡唐船破損ス

(文正元年四月)二日、天快晴、○中略 紹本都寺閏二月廿三日書、自肥前國遣于盛副寺、仍披見之、書中曰、今月十九日、(松浦郡)呼子浦惡風起、船已欲破損者、十三里之間也、舟人或念佛、或呵浪、其浪如泰山、自五皷至九皷後、風收浪靜、三號船檣折梶碎、私財太半沈海底、碇失者五、一號舩(船)者梶折者二、船具悉損、船卽不損、公財又不沈、舟人皆安、實相公(足利義政)威德所及、可貴可懽、二號船亦無恙云々、一號船名曰泉丸、其大積三千解(斛、下同ジ)、是公船也、二號船號宮丸、其大積千二百解、是細河殿(勝元)船也、三號船號幸(寺)丸、其大積千八百解、是大內(政弘)船也、○後略

一號船泉丸
二號船宮丸
三號船寺丸

一〇五八

○蔭凉軒日録

唐船正使天與・居座妙增・居座紹本、惡風ニ遇ヒ的山大島ニ留マル

（文正元年五月）
廿五日、○中略唐船正使禪居庵天眞（與）和尚・居座妙增都聞・同紹本都寺、遇惡風留于小豆嶋（肥前國松浦郡）也、仍順風時節差過了、以來八月可發津之由載狀、仍披露之、○後略

一〇五九　室町幕府奉行人連署奉書

○來島文書

渡唐船ノ警固ヲ嚴ナラシム

渡船御船警固事、奔走之旨、正使（天與清啓）・居座注進到來、尤神妙、彌不可有緩怠之由、所被仰下也、仍執達如件、

文正元年六月十九日

唐船奉行

大和守（飯尾元連）（花押）

肥前守（飯尾之種）（花押）

大嶋殿

一〇六〇　大内政弘書状

○來島文書

大内政弘、渡唐船ニ就キ大島伯耆守ノ勞ヲ勞ヒ太刀一腰ヲ進ズ

渡唐御船事、御馳走候之條、尤可然候、自當方毎事相調之樣候之間、殊喜悅候、彌被入御心候者肝要候、就中太刀一腰進之候、祝言計候、恐々謹言、

十月廿一日（文正元年カ）　政弘（大内）（花押）

大嶋伯耆守殿

一〇六一

○朝鮮王朝實錄　世祖十二年（寛正七・文正元・一四六六）

上松浦那久野賴永・鹽津留聞ノ使人至ル

〔三月丙辰（十五日）〕日本國肥前州上松浦那（久）文野能登定（守）藤原朝臣賴永、遣僧壽藺等二人、一岐州上松浦鹽洋（津）留伊勢守源聞、遣私（和）知羅沙也文（八郎左衞門）、對馬州太守平朝臣宗成職、遣僧迎藏主、來獻土物、

上松浦賴永ノ使人楊吉ハ中朝寧波ノ人ニシテ、釣魚中倭賊ニ虜セラレ對馬ニ居ス

〔三月己巳（二十八日）〕留都禮曹啓、日本國肥前州上松浦賴永所遣唐人楊吉言、予本中朝浙江杭州寧波府人也、幼時父母俱沒、兄楊賓・楊渾皆爲平民、予年四十二歲、釣魚于海中天仙山島、

爲倭賊所擄、歸于對馬島、役於頓沙文家凡十餘年、不勝艱苦、逃離本處、到日本國肥前州上松浦頼永家、爲日已久、思戀鄕土、請於頼永而來、然更思之、予已年老、雖還本土、同産存歿未可知、請居大國、　上命申叔舟等議之、叔舟啓、宜還中朝、從之、

那久野頼永ノ使人壽藺ニ宴ヲ賜フ

〔閏三月戊戌〕(二十七日)以東巡所過祥瑞屢現、還宮後舍利又分身、百官陳賀、下教、赦殺人及盜濫刑官吏流以下罪、　御勤政殿、議政府・六曹進豐呈、　召日本國頼永使者僧壽藺等二人侍宴、　命寫赦文一通以示之、且諭金剛山靈異事蹟及祥瑞屢現、皆稽首稱慶、

禮曹、頼永ノ書契ヲ以テ啓ス

那久野ハ本道ノ要津

明人楊吉ヲ同伴ス

頼永、圖書ノ賜與ヲ需ム

禮曹啓、頼永書契云、那久野(肥前國松浦郡)津者乃本道之要津也、凡大明・朝鮮之送于本邦者、不達于冷泉津、則必泊于此津、而避風波之險、所以往歳貴國之使臣來息矣、予之祖父堅護之而令達于洛、爾來不忘其好、數年之前、偶遣使船修其好、以使者之不肖不獲登用、不任慚汗于茲、大明人楊吉、往年爲賊船所因繫而留滯于此津者數十稔、歸鄕之心愈切、飮食不下咽者累日、不忍見之、謹遣使臣獻之于貴國、伏願、憐彼不忘本之意、令達還鄕之願者、天下益伏　殿下汎愛之仁、臣又愈守藩屛之節、伏望、賜圖印、以爲他日進貢之信、頼永曾於癸未年(世祖九年)使人云、欲通信使、本朝以頼永自來不通信于我、未知根脚、不可輕易接待、故姑給過海糧送還、今者又刷唐人楊吉、送到浦所、雖未的知爲唐人、然辭以唐人率來、則不可不接待、故已令上送、然所求

圖書不可從也、請從別例賜給、　命賜綿紬十匹・白苧布十匹・虎豹皮各一張、

世祖、壽蘭ニ托シテ祥瑞出現ヲ日本國王ニ告ゲシム

〔閏三月己亥〕(二十八日) 賴永使者僧壽蘭還、　上寄書日本國王、其書曰、隣竝修聘、禮固當然、第緣滄溟夐隔、風濤爲梗、嘗遣一介、中遭颶敗、未達區區、徒切悵恨、雖然、境雖異而心則同、自當遙契、奚迹之求、我國有名山、曰金剛、東臨大海、亭亭削白、金湧雲表、高廣不知幾由旬、華嚴經所謂、曇無竭菩薩、與其萬二千菩薩眷屬、常住設法者、卽此山也、頃予

金剛山ニ種々ノ奇瑞現ハル

省方、因詣玆山、瞻禮三寶、未至山麓、地爲震動、行入洞門、瑞氣彌亘、祥雲繚繞、天雨四花、大如桐葉、甘露普灑、草木如沐、日色黃薄、限界皆成金色、異香薰暢、放大光明、熀耀山谷、仙鶴雙飛、盤旋雲際、山中諸刹、舍利分身、五色悉備、及說明揚勝會、如上種種奇瑞重現、又有曇無竭菩薩、現無數小相、復現大相、其長參天、暨還、歷洛山・五臺・

世祖歷訪ノ寺刹及ビ漢城ニモ奇瑞現ハル

上院・月精・西水精・彌智山・龍門・上院寺叢林、舍利・雨花・甘露・異香等瑞、復如前、乃至京都、又有舍利・甘露・須陁味之瑞幷臻、前後所得、揔七千八百一十七枚、噫、我佛變化神通之妙、驗於目擊者如是、益增感動、與諸臣庶、踴躍懽忭、遂大赦、廣布洪慈、昔佛滅度後、王舍城人募金鑄像、文殊以五十三軀、藏于金鍾、望海誓曰、當至有緣國土、度濟衆生、我應須至其處、永爲擁護、於是、金鍾漂至我國、自住山東、新羅王因創寺安像、

名曰楡岾、山之表裏、伽藍不知其機、而楡岾最勝、山既大聖常住之所、寺又金像自在之處、則修福田植善根者、舍此奚之、顧寺之創建既久、漸就頽敗、命有司重修、近爲群臣百姓、遠爲隣國、種食善因、同享大平、我佛出世、運大慈悲普濟爲心、十方一刹、三界一體也、貴邦自來尊尚玄化、想亦樂聞而隨喜也、茲因商舶之還、告予誓願、予非有求財施、願與國王共結良緣、齊收妙果、益固隣好、使兩國臣民同躋壽域、冀亮察、聊將土宜表忱、具在別幅、照領、不宣、

（商船ニ托シテ楡岾寺重建ノ誓願ニ結緣ヲ求ム）

〔四月癸丑〕（十三日）禮曹啓、今來壽藺、多齎日本國王及諸處書契・賜物而去、不可以通事一人押行、請別差朝官護送、從之、

（朝官ニ壽藺ノ歸國ヲ護送セシム）

〔四月戊辰〕（二十八日）御思政殿受常參、河東君鄭麟趾・蓬原君鄭昌孫・高靈君申叔舟・左議政黃守身・右議政朴元亨・左贊成崔恆・右贊成曺錫文・兵曹判書金國光・吏曹判書韓繼禧・戶曹判書盧思愼・中樞府知事康純・鄭軾・兵曹參判朴仲善・參知韓致禮入侍、兼司僕・內禁衞等、於庭下侍衞設酌、賴永使者僧壽藺等將歸國、上引見、酒三四行、各賜豹皮一張・虎皮一張・油紙席二張・綿布苧布各三匹、又別賜筆墨・書册・食物有差、且諭之曰、汝等

（世祖、酌ヲ設ケテ壽藺ノ歸國ヲ餞シ、與ニ三寶ニ隨ハンコトヲ日本國王ニ告ゲシム）

歸國、以我言報於爾主、常以隣好只世間耳、今更與國王以三寶相隨、喜則須陁天食、即降王國、汝等服膺此言、無敢遺忘、壽藺等皆頓首俯伏、仍　命諸臣等、以次進酒、　上懽甚、

呼子義ノ使人至ル

〔五月壬申〕（二日）日本國對馬州守護代官平朝臣宗右馬助盛直・上郡追浦平朝臣宗伯耆守茂次・平朝臣宗貞國、上松浦呼子一岐守源義等、各遣人來獻土物、

鴨打永ノ使人至ル

〔五月丁丑〕（七日）日本國西海道筑前州太宰府都督司馬少卿（少貳）藤原朝臣教頼・肥前州上松浦鴨打源永・長門州赤間關太守藤原朝（臣脱）忠重（矢田カ）等、各遣人來獻土物、

鹽津留松林院重實・呼子義ノ使人至ル

〔六月戊午〕（十九日）日本國藝州海賊大將國重（村上）、一岐州鹽津（留脱）源重實、呼子一岐守源義、對馬州太守宗成職平朝臣宗盛・家宗・彦八郎義世（茂）等、各遣人來獻土物、

鹽津留松林院重實ノ使人至ル

〔七月庚午〕（二日）日本國上松浦一岐州鹽津留松林院源重實・藝州海賊大將藤源（原）朝臣村上備中守國重等、各遣人來獻土物、

〔七月丙子（七日）〕日本國關西路肥筑通守菊池藤源（原）朝臣爲邦・畿內攝津州兵庫津平方式部尉忠吉・肥前州（松浦郡）田平寓鎭源朝臣彈正少弼弘・一岐州倭護軍藤源（原）三甫郎大郎等、各遣人來獻土物、

田平弘ノ使人至ル

〔七月丙申（二十七日）〕日本國對馬州太守宗成職・一岐州上松浦鹽津留觀音寺宗殊等、遣人來獻土物、對馬州向化護軍波古時羅（早田）（彦四郎）、亦來獻土物、

鹽津留觀音寺宗殊ノ使人至ル

〔七月戊戌（二十九日）〕日本國對馬州太守宗成職・肥前州上松浦鴨打源永等、各遣人來獻土物、

鴨打永ノ使人至ル

〔八月庚子（一日）〕日本國對馬州太守平朝臣宗成職・一岐州上松浦鹽津留觀音寺宗殊・一岐州守護代官眞弓兵部少輔源永、各遣人來獻土物、

鹽津留觀音寺宗殊・眞弓永ノ使人至ル

〔八月庚戌（十一日）〕日奉（本）國九州都元帥源（澁川）教直、對馬州太守宗成職・平朝臣宗盛家、日向太守盛久（藤原）、上松浦源（神田）德、各遣人來獻土物、

神田德ノ使人至ル

〔八月甲寅（十五日）〕日本國對馬州仁位郡宗信濃守盛家・西海道肥前州上松浦神田能登守源德・薩

神田德ノ使人至ル

摩州日向太守藤原盛久、各遣人來獻土物、

呼子義ノ使人至ル

〔九月乙亥〕(七日)日本國對馬州太守宗成職・守護代官宗盛直、筑前州太宰府都督司馬少卿(少貳)藤原朝臣教頼、肥前州上松浦呼子一岐守源義、各遣人來獻土物、

田平弘・志佐義ノ使人至ル

〔十月癸卯〕(五日)日本國對馬州太守宗成職・仁郡(位脱)宗信濃守平朝臣盛家・關處鎭守秦盛幸・西海路筑前州宗像郡氏卿(鄕)・肥前州寓鎭彈(田平)正少弼弘・肥前州松浦一岐州太守志佐源義等、各遣人來獻土物、

志佐義ノ使人至ル

〔十月乙卯〕(十七日)日本國肥前州松浦志佐一岐州太守源義・對州馬(衍カ)關處鎭守秦盛幸、各遣人來獻土物、

上松浦草野永氏ノ使人至ル

〔十一月丁丑〕(九日)日本國對馬州太守平朝臣宗成職・肥前州上松浦九島主(沙脱)藤原次郎(草野永氏)、各遣人來獻土物、

〔十二月丁卯〕（三十日）火剌溫兀狄哈沙乙古大等四人、女眞之下里等三人、日本國對馬州而羅洒文（次郎左衛門）家次等二人、來獻土物、對馬州太守宗盛職（成）・代官宗盛直、肥前州一岐州眞弓兵部少輔源永、筑前州大宰府都督司馬少卿藤源（原）朝臣教頼（少貳）、對馬州佐護郡代官平朝臣宗大膳助茂友、各遣人來獻土物、

眞弓永ノ使人至ル

○戊子入明記

一〇六二　渡唐船勝載物注文寫

五嶋田浦内千坂ニ大竹アリ、大サ一尺五六寸ホトノ竹在之、（肥前國松浦郡）

五島田浦内千坂

一、大嶋（松浦郡）　人參アリ　シテン

大島

白木　同

梶木事　五嶋大近奥之山在之、（松浦郡）　大小分數多アリ、

五島大値賀

梠木　同前

床木事　奈留海安寺門前在之、（松浦郡）　大サ一丈二尺アリ、

奈留海安寺

琉璜（硫黄）事

赤間關道場　門司大通寺

平戸

筥(宮)崎 志賀(筑前國糟谷郡) 野古一萬斤在之、 平戸(松浦郡)
五嶋(松浦郡)奈留海寺(安脫カ)三千斤

文正二年三月廿八日 誌之、

一〇六三 ○朝鮮王朝實錄 世祖十三年（文正二・應仁元・一四六七）

鹽津留聞ノ使人至ル

〔三月丁丑(十二日)〕日本國一岐州鹽津留伊勢守源聞、遣人來獻土物、

宇久勝、五島ニ漂著セル朝鮮人ヲ助ク

〔七月乙酉(二十二日)〕日本國京極京兆尹江岐雲三州刺史住京極佐佐木氏兼大膳大夫源生(持清)道(觀)、遣人來獻土物、幷解送我國漂流金石伊等二人、石伊全羅道海南縣人、去甲申(世祖十年)春、與僧性淡同船往濟州、覲父而還、遇風漂流、凡五日依岸、乃日本國宇久殿(勝)松浦之五島也、人見其衣服、知爲我國人、告于島主館待之、翼(翌)年秋、京極殿聞之、送禮物于宇久殿、買石伊等衣食之者二年、至是解送、

志佐義ノ使人至ル

〔七月丁亥(二十四日)〕日本國關西路安藝州小早川美作守持平・筥崎津右衞門藤源(原)安直・肥前州松浦

一岐州太守志佐源義、各遣使來獻土物、

○朝鮮王朝實錄　世祖十四年（應仁二・一四六八）

一〇六四

野人・日本・三島・琉球ノ四夷、世祖ノ徳ヲ慕ヒテ皆來庭ス

〔三月乙酉〕（二十五日）朴時衡獄中爲書、令其弟訴冤、其書曰、○中略況我殿下、卽位以來、德洽仁深、雨暘時若、歲稔屢登、政之弊者革之、典之闕者補之、至於禮樂制度、益之損之、與時宜之、民樂奠安、治臻泰和、若野人、若日本、若三島、若琉球國四夷、皆來庭焉、休祥・異瑞皆駢集焉、萬物欣覩、運屬亨嘉、不惟小國懷而王焉、以至大國之待我殿下、其禮其義、視古隆焉、視列國盛焉、非我殿下功德之盛、能然乎、○後略

○宛陵寺文書

一〇六五　松浦武寄進狀寫

雖少分於子孫聊不可有違亂候、

奉寄進、

田地一所嚴尾

松浦武、田地一所嚴尾代百三十文ヲ宛陵寺ニ寄進ス

代百三十文
右、意趣者、爲天長地久・國豐(土脱カ)饒也、殊者源(松浦)武子孫繁昌、現當二世所願成就者也、仍寄進狀如件、

時文明元年己丑二月吉日

武(花押影)

(肥前國松浦郡)宛陵寺

寄進狀

河窪大膳亮

一〇六六

○朝鮮王朝實錄　睿宗元年（應仁三・文明元・一四六九）

〔四月癸酉(二十日)〕日本國西海道肥前州下松浦丹後大守源勝(松浦)、遣使來獻土物、

松浦勝ノ使人至ル

〔六月甲寅(二日)〕日本國九州都元帥源教直(澁川)・上松浦鹽津源經(留脱)、各遣使來獻土物、

鹽津留經ノ使人至ル

〔八月丙寅〕（十五日）日本國五島宇久守源勝、遣使進香于　永昌殿、

宇久勝ノ使人至リ、永昌殿ニ進香ス

補遺（續）

二四　津吉重平譲状案

○大河内文書

津吉重平、大河内山野ヲ女子土用ニ譲ル

肥前國宇野御厨(松浦郡)□□等地頭職大河内山野事、

限東境崎道、但宮野里神道、　限西有田境越山嶽、

限南横山里神境、宮野院木屋同、　限北有田道、但太田院、

又小石原限堺崎境□、　限北鼓一瀨、付小院、

限東　滑賴(瀨)野□(境)、

伊萬里浦田畠半分地頭ニ替ヘテ荒野荒山ヲ譲ル

右、件山野等地頭職□(者)、□□(重平)(津吉)先祖相傳私領之山野也、源重平二子□□□(宇土用)、依爲女子、限永年所讓實也、雖有何男子、不可有他妨、伊萬里浦田畠半分地頭、雖可讓女子、□□□(依申状)、□(雖)□(荒)野荒山所讓与也、仍無他妨、可令領知之狀如件、

貞應二年辛未(マヽ)十一月二日

源(津吉重平)在判

二五

○吾妻鏡

幕府、閑院内裏造營役ヲ御家人ニ賦課ス

(建長二年三月)一日丁卯、造閑院殿雜掌事、爲被進覽京都、云本役人、云始被付分、今日悉被注緝之、深澤山城前司俊平・(中原)中山城前司盛時等爲奉行云々、

其目錄様

○中略

裏築地百九十二本垣形十七本

○中略

自二條北油小路面廿本、

佐志扇、裏築地一本ヲ分擔ス

一本垣形一本　日野平五入道(季長・妙蓮)
二本　石黑太郎
二本　河尻太郎
二本　須恵太郎
一本　佐志源次(扇)
一本　豐福五郎

二本　神澤次郎左衞門尉
二本　廣田馬允
一本　中津河入道
一本　（八木三郎 同四郎）
一本　伊北三郎跡
一本　岩國次郎
三本在垣形一本、　佐伯入道

○中略

自押小路南自油小路西十一本、

一本在垣形一本、　吉敷三郎入道跡
一本　（松浦神田氏カ）神田三郎
一本　井上太郎
一本　石手十郎兵衞尉跡
一本　八坂右馬允
二本　高橋刑部入道

神田三郎、裏築地一本ヲ分擔ス

一本　　　　　　枝兵衞入道
二本　　　　　　眞保次郎左衞門尉
一本在垣形、　　清久左衞門跡
○中略
建長二年三月日

二一六　蒙古合戰勳功地配分狀　○大河内文書

津吉榮範、弘安四年蒙古合戰勳功賞トシテ伊萬里浦内ノ闕所地ヲ配分セラル

□□（弘安）四年蒙古合戰勳功賞配分事、
　津吉大輔房榮範
田地五町　肥前國御厨庄（松浦郡）伊萬里浦大河内入道如□□（覺跡）矢木三郎□□□（左衞門カ）
一所　五反　太郎丸作
一所　三丈　同人作
一所　五反　源三郎作
一所　二丈　同人作

一所　五反　彌平二作
一所　三丈　同人作
一所　三反　三郎次郎作
一所　二反二丈中　同人作
一所　二反　矢藤三作
一所　一丈　同人作
一所　一反一丈　伴藤三作
一所　二反一丈　同人作
一所　六反　用作
一所　二反　同
一所　二反一丈　姫童後家作

（繼目裏花押二顆）

一所　二反一丈　同人作
一所　三反　執行入道作

屋敷二宇
一宇　太郎丸

一宇　源二郎

右、孔子配分如此、早守先例、可令領知之狀如件、

嘉元三年四月六日

上總介平朝臣(北條政顯)(花押)

二七　津吉榮範申狀

○大河内文書

津吉榮範、對馬重員ノ勳功地大河内村ニ對スル押領ヲ訴フ

肥前國津吉大輔房榮範謹言上、

爲同國對嶋五郎重員、令押領榮範勳功拜領地伊萬里浦(松浦郡)内大河内村住民源次郎脇在家、伴太郎入道・彌次郎・(小次郎)居薗等、難遁罪科間事、

副進

關東御下文幷系圖・本主讓狀

曾祖父津吉重平ノ舊領重平、榮範ノ宿敵伊萬里勝ト同意ス

右、當村者、榮範曾祖父津吉十郎重平法名蓮迎所領也、而傳々相承之後、被召置于闕所之刻、榮範爲勳功賞、且(依)爲先祖之本領、充給當村畢、爰重貞同意于榮範宿敵福嶋(伊萬里勝)次郎入道如性、令押領彼源次郎脇在家等之條、招罪科者也、所詮、任　關東御下文以下證文、爲蒙御成敗、

恐々粗言上如件、

正和元年九月　日

二八　鎮西探題御教書

○大河内文書

大河内村公事ニ就キ、重ネテ伊萬里蓮法ニ參對ヲ命ズ

肥前國御家人津吉大輔房榮範申、同國(松浦郡)大河内村公事等事、重訴狀如此、尋申之處、無音云々、甚無謂、來月十五日以前可參對、若令違亂者、殊可有其沙汰、仍執達如件、

正和二年十一月廿八日　前上總介(北條政顯)(花押)

伊萬里五郎次郎(蓮法)入道殿

二九　津吉榮範重申狀

○大河内文書

津吉榮範、大河内村公事勤仕ノ田地ノ有無ニ就キ重ネテ訴フ

(裏花押)

肥前國御家人津吉大輔房榮範重言上、

同國宇野(松浦郡)御厨庄伊萬里浦内大河内村御公事勤仕田地有無事、

副進

伊萬里蓮法請文陳狀ニ及バズ

一通　御教書案正和二年十月廿日被成伊萬里五郎次郎入道□□（蓮法）、

右、備證文、巨細先度言上畢、仍雖被成下御教書、不及請文陳狀、早爲被致御沙汰、重言上如件、

正和二年十一月　日　（訂正裏花押）蓮法

三〇　鎭西探題裁許狀

○尊經閣文庫所藏東福寺文書

肥前國彼杵莊雜掌ト今福定、惣檢以下ニ就キ相論ス

肥前國彼杵（彼杵郡）庄雜掌与今福四郎定相論惣檢以下事、

定、本所一圓進止ノ乃萬莊用田ヲ押領ス

右、如雜掌申者、當庄惣檢事、可遂行之旨、文永五年被成關東御下知之處、定不遂其節、剰抑留年貢・濟物等之條無謂、加之、押領本所一圓進止乃萬庄用田之上者、可被沙汰付彼田地於雜掌云云、仍度々遣召文之處、無音之間、仰國分又二郎入道淨光・高木三郎家相、

定陳狀

被尋問實否之處、如淨光執進定陳狀者、被成關東御下知由事、不備御下知之間、不及陳答、次年貢等事、致辨之間、返抄歷然也、次押領本所進止田地由事、定帶御下知・御下文之上者、何可稱本所一圓哉云云、

雜掌重申狀

如雜掌重申狀者、定令參對、入置押書、乍請取二問狀下國、

定參對ス
定押書狀

于今不參、不遁難澁之咎云云、如去年十月三日定押書狀者、彼杵庄雜掌申年貢以下事、不

惣検ヲ遂ゲ年貢濟物ヲ辯フベシ

終沙汰之篇下國者、任傍例可被經御沙汰云云者、定背押書狀、不終沙汰之篇下國之上、惣検事、不申異儀歟、然則、任關東御下知、可遂行、次年貢・濟物事、致辨之由、雖稱之、不出帶返抄之間、難被信用、遂結解、有未濟者可究濟、次乃萬名庄用田事、本所一圓進止之由、雜掌雖申之、所見不分明之間、尋究可有左右矣者、依仰下知如件、

正和四年三月廿七日

前上總介平朝臣(北條政顯)(花押)

○藤野文書

三一　將軍守邦親王家政所下文

島津忠宗ヲシテ松浦莊內早湊村ヲ領知セシム

肥後菊池莊領家職ノ替地

將軍家政所下、

可令早島津下野前司入道々義(忠宗)領知日向國高知尾庄(臼杵郡)・肥前國松浦庄(松浦郡)內早湊村・同國福萬名

地頭職江田忍阿跡、副田□(三)郎次郎種信跡事、

右、爲(肥後國玉名郡)菊池庄領家職替、所被充行也者、早守先例、可致沙汰之狀、所仰如件、以下、

文保元年十二月廿一日

案主菅野

知家事

令左衛門少尉藤原
別當武藏守平朝臣（金澤貞顯）（花押）
左馬權頭兼相模守平朝臣（北條高時）（花押）

三一　鎮西引付記※　　○舊典類聚十三

一番　鎮西引付　阿蘇遠江守　隨時（北條）代
上野前司（北條時直）　嶋津下野入道（忠宗）法名道義　戸次豐前前司（貞直）
澁谷下總權頭（守）（重雄）　佐渡杢助入道　伊地知八郎
攝津式部房（實胤）　安富三郎（貞泰）　野尻五郎太郎
堀田和泉房

二番
太宰少貳（貞經）　伊勢民部太輔入道（二階堂行正・行空）　對馬入道
安藝杢助入道（中原貞宗・道覺）　齋藤二郎左衛門尉（利尚）　田中備前房（澄昌）
大保六郎入道（道任）　山城彦太郎（盛倫）　田口九郎（貞賴）

饗庭太郎左衛門入道

三番

大友左近將監（貞宗） 大和前司（宇都宮頼房） 澁谷河内權頭（重棟）（守）
彈正左衛門尉（藤原光章） 平野大和房（行眞カ） 青木兵庫助
山城三郎（盛貝） 神田五郎（聞） 豐前四郎

鎭西三番引付衆神田聞

三三 鎭西探題裁許狀案

○實相院文書

肥前國河上社雜掌ト大値賀上村地頭代宗重、河上社造營用途ニ就キ相論ス

肥前國河上社（佐嘉郡）雜掌申大値賀（松浦郡）上村地頭代宗重不辨當社造營用途事、右、就雜掌解、尋下之處、背兩度召文、（中間略之、）出承伏請文之上者、可致辨矣者、依仰下知如件、

文保二年十二月九日

前遠江守平朝臣（北條隨時）御判

三四　鎭西探題裁許狀案

○實相院文書

肥前國河上社雜掌ト那留兵衞次郎入道跡、五島浦知行分河上社造營用途ニ就キ相論ス

肥前國河上(佐嘉郡)雜掌申那留兵衞次郎入道(道佛)跡不辨當國五嶋(松浦郡)浦知行分當社造營用途事、

右、就雜掌解、尋下之處、背兩度召文、中間略之、且任一國平均之例、可致辨矣者、依仰下知如件、

文保二年十二月九日

前遠江守平朝臣(北條隨時)御判

三五　鎭西探題裁許狀案

○實相院文書

肥前國河上社雜掌ト生月島領主加藤五郎、河上社造營用途ニ就キ相論ス

肥前國河上(佐嘉郡)社雜掌申生月嶋(松浦郡)領主加藤五郎不辨當社造營用途由事、

右、就雜掌解、尋下之處、背兩度召文、中間略之、且依一國平均之例、可致辨矣者、依仰下知如件、

文保二年十二月十六日

前遠江守平朝臣(北條隨時)御判

三六　鎮西探題裁許狀案

○大川文書

大河幸繼ト姪藤原氏、伊福村内田地屋敷ニ就キ相論ス

「校正了、」

大河孫三郎幸繼法師（法名幸蓮）申肥前國高來郡伊福村内田地壹町四段・屋敷貳箇所事、

右、如訴狀者、當村者祖父大河左近入道幸圓所領也、爰如幸蓮所進正應六年四月二日幸圓讓狀者、幸資一期後者、所讓与孫三郎幸繼也、幸繼（與利）外不可知行云々、而延慶元年十一月親父幸資（法名幸西）他界之間、任祖父幸圓狀、當知行之處、幸西孫女藤原氏、稱有一期領主幸西讓狀、延慶二年二月日押寄當屋敷、致苅麥狼籍（藉）、就令押領之、前々雖有其沙汰、奉行展傳（轉）之間、仰伊佐早三郎通澄、重催促之處、如執進今年二月十五日氏女夫根事源三郎圍請文者、

藤原氏夫根事圍、請文ヲ進ム

幸蓮申伊福村田・屋敷事、先日乍令和与訴申之條、存外之次第也、所詮企參上可明申云々者、幸蓮帶祖父幸圓讓狀之上、圍捧自由請文、于今不參、□□（難遁）難澁之咎歟、然則、於件田・屋敷者、止氏女押領、任祖父幸圓讓狀、可令幸蓮領知、次苅麥狼籍（藉）事、不立申實證之上者、不及沙汰歟矣者、依仰下知如件、

元應二年八月六日

前遠江守平朝臣（北條隨時）御判

三七　鎭西探題裁許狀案

○實相院文書

肥前國河上社雜掌ト松浦省、河上社造營用途ニ就キ相論ス

肥前國（佐嘉郡）河上宮雜掌申造營用途事、

右、松浦丹後五郎省對捍之由、依訴申、度々尋下之、（中間略之、）雖捧返抄、爲案文之間、不足信用、然則、遂結解、有未進者、可究濟焉者、依仰下知如件、

元亨二年十一月廿日

修理亮平朝臣（北條英時）御判

三八　鎭西探題裁許狀案

○實相院文書

肥前國河上社雜掌ト大島地頭、河上社造營用途ニ就キ相論ス

肥前國（佐嘉郡）河上宮雜掌申造營用途事、

右、大嶋（松浦郡）地頭對捍之由、訴申之間、度々尋下、（中間略之、）難遁違背之咎、任平均之例、可致辨矣者、依仰下知如件、

元亨二年十一月廿日

修理亮平（北條英時）朝臣御判

三九　鎭西探題裁許狀

〇田中繁三氏所藏文書

彼杵荘雜掌ト河棚浦一分領主、惣檢ニ就キ相論ス
使節飯田定、論人ノ請文ヲ執進ス

肥前國彼杵（彼杵郡）庄雜掌如月申惣檢以下事、

右、河棚浦一分領主源二郎入道々妙、打止領家代一度惣檢、抑留年々乃貢之由、雜掌就訴申、正和三年以後度々遣召文之上、去年十月廿二日以飯田彦二郎定重催促訖、如執進道妙同十二月廿五日請文者、自亡父三位房永盛之手、所讓得之河棚内田地等者、爲本物返、賣与河棚又六入道々性本妻藤原氏之旨、雖載之、於年貢者、難遁申上、如同請文者、道妙分少分也、惣檢者可依河棚村之法云々、旁不及異儀、然則、於檢注者、任先例遵行之、至年貢者、遂結解、可令究濟矣者、依仰下知如件、

元亨三年六月廿五日

修理亮平（北條英時）朝臣（花押）

四〇　矢木昌房申狀

○大河内文書

矢木昌房、津吉榮範跡ノ大河内村田畠・在家・山野等ニ對スル非分押領ヲ訴フ

（端裏書）
「□□」

（肥前）
□□國御家人矢木三郎左衞門入道覺如今者死去、子息□□昌房謹言上、
　欲被停止同國津吉太輔房跡非分押領、任關東御□□幷次第調度證文等旨、可安堵由、
（北條政顯）　（北條隨時）
自總州御代至于遠州御代就訴申、雖被成度々御教書、顧自科終以不參對上者、被定御
　（松浦郡）
奉行人、蒙御成敗、當國御厨庄伊萬里大河内村田畠・在家・山野等事、

二七號參看

一通　關東御下文　元久二年正月九日
一通　津吉十郎重平法名蓮迎讓狀　嘉禎二年七月廿九日
一通　尼聞性讓狀　寛元二年四月八日

補遺一七號參看

一通　左衞門尉□賴讓狀　文永十一年三月壹日
（繼目裏花押）

補遺二四號參看

（津吉重平）
一通　蓮迎境置文　貞應二年十二月二日
（一カ）

五通　御教書等案　二通略之、

右、在家・田畠・山野等者、昌房重代相傳所領也、而津吉太輔房跡、寄事於御配分狀、給分之外押領之間、亡父覺如就訴申、雖被成下度々召文、不參決、任雅意押領之條、希代未

聞之所行也、然早被〇（定）御奉行人、任　關東御下文以下次第相繼證文等、被究御沙汰之淵底、
爲蒙御成敗、粗言上如件、

元亨四年九月　日

四一　彼杵莊文書目錄※

〇正慶亂離志（博多日記）裏文書

〇前缺

一、遠州（北條隨時）御下知分　使節佐志次郎勤

二通　奉書正文　日宇小次郎入道跡　正中二五十九同六廿四　今者平太入道

二通　（奉書正文カ）□□□　大村孫九郎（盛純）入道　正中二四月廿二日、同五十九日

二通　正中二四□、同五十九　河棚七郎盛俊跡

二通同　正中二四廿二、同五十九日　大村十郎入道

二通同　正中二四廿二、同五十九　武松七郎入道

使節佐志勤

二通　（肥前國彼杵郡）大村一分領主　今富秋次九郎次郎入道　正中二同廿二□、□□十九日

二通同　正中二四廿二、同五十九　河棚源五郎（道永）入道

二通同　正中二四廿二、同五十九日　田河彦太郎

二通同　（彼杵郡）雪浦幷（彼杵郡）馬手嶋領□（主カ）　中山四郎入道　□同五十九

二通同　（北條英時）當御代御下知　正中二五二、同六七日　針尾兵衞太郎入道覺實

二通同　伊佐早十郎持通　正中二四廿二、同五十九

二通　河棚十郎次郎盛明　正中二五二日、同六七日　今者死去、

二通　波佐見彦次郎　奉書正文　正中二五二日、同六七日　當御代御下知內

使節佐志勤請文

使節志（佐脱カ）次郎（勤）請文并地頭等請文

同使節方未到来、

○中略

彼杵（彼杵郡）庄浦々地頭等年貢濟物等未進辨送文事、

合

一巻　數廿七通在之、正文也、

峯九郎入道年貢未進引田文書

一通　峯九郎入道依年貢未進引田文書正文在之、

一巻　廿一通彼杵庄直人等年貢以下濟物送文正文

一通　書下正文　本庄性覺事、但執事周防五郎（政國）等奉行脇野岩見判形在之、

○中略

一、總州（北條政顯）御下知

十三通　一通ハ關東持參、長与左衞門三郎入道分、

一通和州施行在之、(宇都宮頼房カ)井浦々給主請文在之、

一通本解在之、請文在之、　千綿九郎入道純西　嘉暦三十月十一日 同年十二月廿三日 當身奉書在之、

一通同同　河棚又六入道々性　同同同

一通同同　同河内彌五郎入道(観盛)　同同同

一通同無請文、　宮村諸次郎跡(通兼)　同同同

一通同在之、　今福四郎(定)　同同同

一通同無請文、　小佐々三郎入道　同同在奉書、

今福定、鎮西下知状ヲ賜ハル

使節塚崎後藤又次郎光明請文在之、嘉暦四四月廿七日

一、當御代御下知修理亮殿(北條英時)

十四通正文南山御方ニ在之、

一通　今富又次郎入道　元亨三六月六日 正中貳四月廿二日 大友方(貞宗)御施行在之、井使節奉書等在之、

一通　永岡四郎入道　皆同

一通　戸町諸二郎　皆同

一通　時津彦九郎　皆同

二通　同七郎太郎　　皆同
二通　同九郎入道　　皆同
二通　同六郎入道　　皆同
二通　神浦源藤次　　皆同
二通　福田又五郎入道　皆同
二通　同三郎　　皆同
二通　深堀平五郎（仲家）　皆同
二通　同又五郎（時綱）　皆同
二通　時津馬場七郎入道後家　皆同
二通　伊佐早三郎跡　大友方御施行在之、是ハ遠州御下知内也、元應元十月十六日

使節飯田彦次郎定請文等奉行方へ上云々、

使節飯田定請文

一、未盡分正中二八十七日二度目奉書正文等在之、
大村五郎太郎一通充、　同今富田崎次郎入道
長与覺道房同　同神浦戸町又三郎入道跡
世戸又五郎同奉書等各在之、　同同七郎

使節飯田定請文

使節飯田彦次郎請文幷地頭等請文等奉行方へ上云々、

○中略

一、遠州御下知分

一通奉書正文 日宇小次郎入道跡今平太入道 大村一分領主 正中二五十九 同六廿四

一通同 今富秋次九郎次郎入道正中二四廿二 同五十九日

一通同 大村孫九郎入道正中二四廿二日 同五十九日

一通同 河棚源五郎入道同 同

一通同 同七郎盛俊跡同 同

一通同 田河彦太郎同 同 雪浦幷馬手嶋領主

一通同 大村十郎入道同 同

一通同 中山四郎入道同 同

一通同 武松七郎入道同 同

一通同 伊佐早十郎持通同 同

一通同 當御代御下知分 針尾兵衛太郎入道覺實正中二五二、同六七日 江上(彼杵郡)・小鯛(彼杵郡)・鈴田(彼杵郡)領主

一通同 今死去、河棚十郎次郎盛明同 同

二通同　波佐見彦次郎同
　　　　當御代御下知分同

使節佐志次郎請文并地頭等請文使節方ヨリ不到來、

○中略

一、彼杵庄浦々地頭等年貢濟物等未進辨送文事、

合　但訴陳・具書等不能注文、

一巻　廿七通　正文在之、

一通　峯九郎入道依年貢未進引田文書正文在之、

一巻　廿一通　彼杵庄直人等年貢以下細々物送文正文在之、

廿一通　彼杵庄佛神免田寄進狀此御注文少々在之、

右、太〔大〕略目錄如件、

嘉曆四年七月三日　　良覺（花押）

一巻本庄實檢帳永仁四年丙申公文帳正文也、兩方ハシヤケタル帳也、

一巻本庄實檢帳正和五年丙辰實檢使帳連判在之、

一巻惣庄畠帳承久二年在家桑實檢取帳　　寂眕（マヽ）（花押）

使節佐志勤請文

峯九郎入道年貢未進引田文書

大河內覺、嘉曆三年ヨリ元德二年迄ノ年貢・色々濟物ヲ皆納ス

四二　成行・宗季連署書下

○大河內文書

（端裏書）
「　　　」

肥前國宇野御厨庄（松浦郡）伊萬里浦內大河內村地頭五郎次郎覺（大河內）分年貢・色々濟物等、對捍之由雖訴申、自嘉曆參年迄元德貳年遂結解、皆納之上者、所止訴訟也、仍狀如件、

元德貳季十二月四日　　成行（花押）

宗季（花押）

四三　河上社雑掌家邦重陳狀寫

○河上宮古文書寫

肥前國鎭守河上（佐嘉郡）社雑掌家邦重陳申、

欲早被奇捐大夫房圓雅奸（棄）訴、且依大宮司代々社務管領實、且任關東・鎭西御下知・御下文・御教書・奉書以下證狀、重蒙御成敗、當社免田巨勢庄（佐嘉郡）竈王院那禪房知行田地□（事）、

（副進）
□□一巻（四十五通、目錄有別、）關東・鎭西御下知以下證文

右、當社大宮司□□（高木カ）四郎太郎家直先祖伯耆守家朝法師、（法名迎西、）充賜去寶治元年九月十三日關

東御下知・同年十一月七日宰府施行、當社御敷地本領田畠・大宮司職等知行之間、如建長五年八月十七日　將軍家政所御下文者、可令早領知河上社本領田畠・同宮司職等事云々、略詞取證(詮)、同年十二月八日守護所施行同前、隨而本新神領等、至于家直、代々大宮司領掌、社務進止無相違、都進宮之神馬并絹布以下細々、皆悉(マヽ)大宮司得分也、然則令執行恆例臨時神事祭禮之條、云先規云見在、不可有御不審、仍異賊降伏御祈禱・慧星出現現(マヽ)・祈雨止雨并造營御遷宮以下本神人名帳等事、皆以被仰大宮司訖、是一、吾神御神變靈驗事、大宮司專中達子細鎭西、總(北條政顯)州御代御註進關東之間、大宮司給函令參訴、以正安三年六月十一日下賜御寄進御下知、(行脫カ)令知肥前國山田(高來郡)庄内高久・守山鄉、以得分物令勤修御祈禱之處、當庄領家兼地頭故遠江前司殿(北條爲時)御代官神田五郎聞・田口孫五郎入道法幸・平野行眞房等、爲訴□社務・大宮司、令押領當鄉下地、打止新田檢註之由、被訴申之間、家直亡父(大宮司)高木伯耆六郎經貞代官家邦番□(問カ)同答訴陳、是又總州御代御註進關東之處、爲四番御引付矢野兵庫允奉行、被經御沙汰、正和四季十一月廿三日、家邦預御下知訖、仍御寄進以來、至于家直、大宮司當知行無相違、其外私寄進神領、大宮司・同餘流等、自最初于今當知行也、大宮司非社務管領、不知行神領者、鎭西故實、御代官行眞又當國在廳及四王寺雜掌等、爭可(マヽ)訴申大宮司哉、故實在廳并(マヽ)而四王寺雜掌等、專訴申大宮司畢、次有所存者、辨髮蓋支申哉、自御靈

神田聞、肥前國山田莊領家兼地頭故北條爲時ノ代官タリ

驗同御註進最初、至于神領所務相論之期、始中終、座主不相濟綺之上、大宮司社務進止也、
座主員外非分之條、宜足上察、殊大宮司備進御下知・御下（マヽ）知・御書（敎脫カ）・奉書・施行以下暦（歷）然
之上者、不可有御疑貽、是二、

○中略

以前條々、大概若斯、所詮、座主者、不充給武家御下知・御下文、非社務管領、大宮司家
直者、帯關東御下知・御下文以下鎭西御下知・御教書・奉書・施行、令知行神領、令勤行
恒例臨時神事祭祀之上者、社務管領事、不可有御不審、然則被棄捐圓雅奸訴、家直爲預御
裁許、屬先奉行人飯河播磨坊光瑜、捧二答狀之處、圓雅代禪勝下賜之後、奸曲之餘、紛失
之由令申之上、彼留案、前雜掌覺譽子息秀直乍預置之、抑留之間、重披陳言上如件、

元德四年正月　日

四四

○正慶亂離志（博多日記）

（正慶二年三月）
十七日、自肥前國彼杵（彼杵郡）早馬到來、去十四日、江串三郞入道起謀叛、彌次刑部房明慶幷甥圓
林房幷了本房等ヲ相具テ、先帝（後醍醐天皇）ノ一宮（尊良親王）御坐アリ、人々可參候由申之、着到ヲ付云々、着到奉

鎭西探題、討手トシテ佐志勤・値賀二郎・波多巧等ヲ彼杵ニ遣ス

峯貞、博多ニ參ラズ京上ス

八幡宗安、峯貞ニ賜フベキ後醍醐天皇綸旨ヲ帶ス

行ハ圓林房也、自去年冬比彼宮ヲハ了本カ千綿(彼杵郡)ノヲクノ木庭ニ隱置タテマツルト云々、十四日、江串甥砥上四郎カ本庄ノ八幡宮ノ錦ノ戸帳ヲ申ヲロシテ、簱ニ差上テ、本庄今富・大村ヲ馳廻、宮ノ御方ニ可參之由觸廻云々、江串入道ハ遠江守、子息三郎ハ式部大夫ニ任云々、十七日、即被向討手、佐志二郎(勤)・値賀二郎・波多源太(巧)・多久大郎・高木伯耆大郎云々、

同十八日、平戸峯源藤五(貞)不參博多(筑前國那珂郡)之間、被召之處、去々年預置大山寺々務律僧覺應ヲ相具テ、壬二月十七日京上云々、仍爲撿見自守護御代官被下使者云々、

同日、菊池加江入道三十五騎、宰府(御笠郡)ニ隱居タルカ、降人ニ江州方(大友貞宗・具簡)ニ參、即被召進之間、人々ニ被預之、

○中略

廿三日、自長門早馬到來、自与州進使者云、馬物具ニ事闕之處ニ、給々事悅入候、但來廿二日必可參ト申間、鎭西ニ一ニ可成由被仰云々、其後自与州落留下部數輩送長門畢、自餘殘モ又可送遣由申之、田スキノ入道イマタ与州ニアリ云々、同日、院宣所持仁、八幡彌四郎宗安ト云物被切頸、即被懸畢、銘云、先帝院宣所持人八幡彌四郎宗安頸云々、此ハ去廿日御所陣內ニシテ、院宣ヲ大友殿ニ奉付之間、即召捕之云々、院宣六通帶持之、大友・筑州(少貳貞經・妙惠)・菊池(武時・寂阿)・平戸(峯貞)・日田・三窪、以上六通云々、

鎮西探題、松浦黨ニ大隅・野邊・澁谷等ノ討伐ヲ命ズルモ逐電ス

○中略

廿六日、薩摩國大隅式部小三郎・野邊八郎・澁屋〔谷〕大郎左衛門尉等、仰松浦黨以下、廿六日曉可打之由、被仰之處、逐電之間、不及力、

○中略

峯貞、四國ノ勢ニ對面ス

四日(正慶二年四月)、雑色宗九郎自關東打返、金剛山ヲハ近日可打落、赤松入道(則村・圓心)京都七條マテ打入ヲ、自六波羅追返、大勢被打テ逐電之云々、備後鞆(沼隈郡)ニハ自四國打渡之處、被追返畢、平戸峯源藤五、四國ノ勢ニ對面シケル由見了云々、菊池若黨宮崎大郎兵衛入道鞆ニテ自害、所持文書ハ燒失畢云々、其下人生取シテ參ル、長門ニハ敵百餘人打取之畢、自餘ハ逐電畢、昨日三日マテハ無別事云々、

四五 値賀穏等連署和與狀

○河上神社文書

値賀穏等、河上社ト國方免田ニツキ和與ス

和与

肥前國河上(佐嘉郡)御宮國方免田事、

□□(肥前)國西良所保新給人知行分名々仁拾參町捌段引募云々、仍任越後萬壽殿時和与之狀、爲

拾□（參）□（町）□（捌カ）段之代、彌福武名内乙藤里二拾三坪一町字□□、力武名内同里五坪三段字三段田、以上一町三段、於限□□引渡社家畢、但自國方於被申子細者、□（依カ）時儀、兩方可致其沙汰者也、仍和与之狀如件、

建武貳年三月四日

（値賀）源穩（花押）
（飯田）源定（花押）
源增（花押）
源長（花押）
源潔
（御厨佐井原）源糺（花押）
沙彌重範（花押）
沙彌道圓（花押）
源高
（大石）源岩鶴

値賀氏
飯田氏
御厨佐井原氏
大石氏

四六五號參看

四六

○太平記

○箱根・竹下合戰事

松浦黨、新田義貞ノ手ニ屬シ合戰ス

○前略 同日(建武二年十二月十二日)午刻ニ軍始マリシカバ、大手搦手敵御方、互ニ時ヲ作リツヽ、山川ヲ傾ケ天地ヲ動シ、叫喚デ責戰フ、○中略 義貞(新田)ノ兵ノ中ニ、杉原下總守・高田薩摩守義遠・葦堀七郎・藤田六郎左衞門・川波新左衞門・藤田三郎左衞門・同四郎左衞門・栗生左衞門・篠塚伊賀守・難波備前守・川越參河守・長濱六郎左衞門・高山遠江守・園田四郎左衞門・青木五郎左衞門・同七郎左衞門・山上六郎左衞門トテ、黨ヲ結ダル精兵ノ射手十六人アリ、一樣ニ笠驗ヲ付テ、進ニモ同ク進ミ、又引時モ共ニ引ケル間、世ノ人此ヲ十六騎ガ黨トゾ申ケル、彼等ガ射ケル矢ニハ、楯モ物具モタマラザリケレバ、向フ方ノ敵ヲ射スカサズト云事ナシ、執事舟田入道ハ、馳廻テ士卒ヲ諫メ、大將軍義貞ハ、一段高キ處ニ諸卒ノ振舞ヲ被實檢ケル間、名ヲ重ジ命ヲ輕ズル千葉・宇都宮・菊池・松浦ノ者共、勇進デ戰ケル間、鎌倉勢馬ノ足ヲ立兼テ、引退者數ヲ不知ケリ、○後略

四七

○梅松論

足利尊氏、九州ニ松浦黨ヲ留メ大宰府ヲ進發ス

去程に御船にのりをくれし輩、連々に參着して京都の事どもを申ければ、昔陸奥守義家(源)・秀衡(藤原)、飛脚を結番にして洛中の事をきゝけるも、かやうにやとぞおほせられし、かくて歸洛の事兩義あり、一には、諸國の御方、力を落さぬさきにいそがるべきか、一には、兵糧の爲に秋を可待か、御沙汰未定ずして、宰府に三月三日(建武三年)より四月三日まで御座ありし時分、播磨より赤松(則村・圓心)馳申て云、新田金吾大將(義貞)として、多勢をもて當城(白旗城、播磨國佐用郡)にむかひて陣を取、圓心が一族其外京都より九州へ參ずる輩、馳籠間、城の中の勢滿足すといへども、兵糧無用意の間、若御歸洛延引あらば、堪忍せしめがたし、御進發を急がるべし、又備前の國三石(和氣郡)の大將尾張新衞(石橋和義)、同申て云、新田脇屋大將(義助カ)として當城にむかふ間、兵糧用意なきよし、赤松と同申、是によて、九國には一色入道(範氏・道猷)・仁木右馬助(義長)・松浦黨併(マヽ)國人以下をとゞめられて、建武三年四月三日、太宰府(筑前國御笠郡)を立て御進發ありしほどに、大友(貞宗・具簡)・少貳(貞經・妙恵)幷九國の輩、博多(那珂郡)の津より纜を解て、兩將は長門の府中(豐東郡)にしばらく御逗留にて、當所より御座舟有、御船のことは、元暦のむかし九郎大夫判官義經(源)、壇浦の戰に乘りたりし當國串崎(豐東郡)の船十二艘の船頭の子孫の舟なり、義經、平家追討の後、此船においては、日本國中の津泊において公役あるべか

らずと、自筆の御下文をいまに是を帯す、今度此舟をもて御座舟に定められけるは、尤賀例に相叶へり、是は長門守護厚東(武實)申沙汰する處也、

四八

○太平記

○春宮(恒良親王)還御事付一宮(尊良親王)御息所事

松浦五郎、尊良親王御息所ノ姿ヲ垣ノ隙ヨリ見初ム

○前略 懸リケル折節、筑紫人ニ松浦五郎ト云ケル武士、此浦(攝津國尼崎)ニ風ヲ待テ居タリケルガ、御(今出川公顯女御匣殿)息所ノ御形ヲ垣ノ隙ヨリ見進セテ、コハソモ天人ノ此土ヘ天降レル歟ト、目枯モセズ守リ居タリケルガ、穴無端ヤ、縦主アル人ニテモアレ、又何ナル女院・姫宮ニテモ坐マセ、一夜ノ程ノ契ヲ、百年ノ命ニ代ンハ何カ惜カラン、奪取テ下ラバヤト思ケル處ニ、武文(秦)ガ下部ノ濱ノ邊ニ出テ行ケルヲ呼寄テ、酒飲セ引出物ナンド取セテ、サルニテモ御邊ガ主ノ具足シ奉テ、船ニ召セントスル上﨟ハ、何ナル人ニテ御渡アルゾト問ケレバ、下﨟ノ墓ナサハ、酒ニメデ引出物ニ眈リテ、事ノ様有ノ儘ニゾ語リケル、松浦大ニ悦デ、此比何ナル宮ニテモ御座セヨ、謀反人ニテ流サレ給ヘル人ノ許ヘ、忍デ下給ハンズル女房ヲ、奪捕タリ共、差テノ罪科ハヨモ非ジト思ケレバ、郎等共ニ彼宿ノ案内能々見置セテ、日ノ暮ルヲゾ

松浦五郎、事ノ様ヲ秦武文ノ下部ヨリ聞キテ悦ブ

松浦五郎ノ郎等三十餘人

相待ケル、夜既ニ深テ人定ル程ニ成ケレバ、松浦ガ郎等三十餘人、物具ヒシ〳〵ト堅メテ、續松ニ火ヲ立テ蔀・遣戸ヲ蹈破リ、前後ヨリ打テ入、武文ハ京家ノ者ト云ナガラ、心剛ニシテ日比モ度々手柄ヲ顯シタル者ナリケレバ、强盜入タリト心得テ、枕ニ立タル太刀ヲ、ツ取テ、中門ニ走出テ、打入敵三人目ノ前ニ切臥セ、緣ニアガリタル敵三十餘人大庭ヘ颯ト追出シテ、武文ト云大剛ノ者此ニアリ、取レヌ物ヲ取ラントテ、二ツナキ命ヲ失ナ、盜

松浦五郎ノ郎等、武文一人ニ切リ立テラル

人共ト咍テ、仰タル太刀ヲ押直シ、門ノ脇ニゾ立タリケル、松浦ガ郎等共武文一人ニ被切立テ、門ヨリ外ヘハツト逃タリケルガ、蓬シ、敵ハ只一人ゾ、切テ入トテ、傍ナル在家ニ火ヲ懸テ、又喚テゾ寄タリケル、武文心ハ武シトイヘ共、浦風ニ吹覆ハレタル烟ニ目暮テ、

松浦五郎ヲ迎ヘニ來タル舟アリ

可防様モ無リケレバ、先御息所ヲ掻負進セ、向フ敵ヲ打拂テ、澳ナル船ヲ招キ、何ナル舟ニテモアレ、女性暫乘進セテタビ候ヘト申テ、汀ニゾ立タリケル、舟シモコソ多カルニ、松浦ガ迎ニ來タル舟是ヲ聞テ、一番ニ渚ヘ差寄タレバ、武文大ニ悅デ、屋形ノ內ニ打置奉

松浦五郎、自ラノ舟ニ御息所ノ乘リタルヲ悅ブ

リ、取落シタル御具足、御伴ノ女房達ヲモ、舟ニ乘ントテ走歸タレバ、宿ニハ早火懸テ、我方様ノ人モナク成ニケリ、松浦ハ適我舟ニ此女房ノ乘セ給タル事、可然契ノ程哉ト無限悅テ、是マデゾ、今ハ皆舟ニ乘レトテ、郎等・眷屬百餘人、捕物モ不取敢、皆此舟ニ取乘テ、眇ノ澳ニゾ漕出シタル、武文渚ニ歸來テ、其御舟被寄候ヘ、先ニ屋形ノ內ニ置進セツ

松浦五郎、武文ガ扇ヲ擧ゲテ招キケルヲ笑フ

ル上﨟ヲ、陸ヘ上進セント喚リケレドモ、耳ニナ聞入ソトテ、順風ニ帆ヲ上タレバ、船ハ次第ニ隔リヌ、又手繰スル海士ノ小船ニ打乗テ、自櫓ヲ推ツヽ、何共シテ御舟ニ追著ントシケレ共、順風ヲ得タル大船ニ、押手ノ小舟非可追付、遙ノ沖ニ向テ、擧扇招キケルヲ、松浦ガ舟ニドット笑聲ヲ聞テ、安カラヌ者哉、其儀ナラバ只今ノ程ニ海底ノ龍神ト成テ、其舟ヲバ遣マジキ者ヲト忿テ、腹十文字ニ掻切テ、蒼海ノ底ニゾ沈ケル、御息所ハ夜討ノ入タリツル宵ノ間ノ騒ヨリ、肝心モ御身ニ不副、只夢ノ浮橋浮沈、淵瀬ヲタドル心地シテ、何ト成行事共知セ給ハズ、舟ノ中ナル者共ガ、アハレ大剛ノ者哉、主ノ女房ヲ人ニ奪ハレテ、腹ヲ切ツル哀サヨト沙汰スルヲ、武文ガ事ヤラントハ乍聞召、其方ヲダニ見遣セ給ハズ、只衣引被テ屋形ノ内ニ泣沈マセ給フ、見ルモ恐ロシクムクツケ氣ナル髭男ノ、聲最ナマリテ色飽マデ黒キガ、御傍ニ參テ、何ヲカサノミムツカラセ給フゾ、面白キ道スガラ、名所共ヲ御覽ジテ御心ヲモ慰マセ給候ヘ、左樣ニテハ何ナル人モ船ニハ醉物ニテ候ゾト、兎角慰メ申セ共、御顔ヲモ更擡サセ給ハズ、只鬼ヲ一車ニ載セテ、巫ノ三峽ニ棹スランモ、是ニハ過ジト御心迷ヒテ、消入セ給ヌベケレバ、ムクツケ男モ舷ニ寄懸テ、是サヘアキレタル體ナリ、其夜ハ大物ノ浦（攝津國河邊郡）ニ碇ヲ下シテ、世ヲ浦風ニ漂ヒ給フ、明レバ風能成ヌトテ、同ジ泊リノ船共、帆ヲ引梶ヲ取リ、己ガ樣々漕行ケバ、都ハ早迹ノ霞ニ隔リヌ、九國ニイ

松浦五郎ノ舟、鳴戸ノ渦潮ニ囚ヘラル

ツカ行著ンズラント、人ノ云ヲ聞召スニゾ、サテハ心ツクシニ行旅也ト、御心細キニ付テモ、北野天神荒人神ニ成セ給シ其古ヘノ御悲ミ、思召知セ給ハヾ、我ヲ都ヘ歸シ御座セト、御心ノ中ニ祈セ給、其日ノ暮程ニ、阿波ノ鳴戸（板野郡）ヲ通ル處ニ、俄ニ風替リ鹽向フテ、此船更ニ不行遣、舟人帆ヲ引テ、近邊ノ礒ヘ舟ヲ寄ントスレバ、澳ノ鹽合ニ、大ナル穴ノ底モ見ヘヌガ出來テ、舟ヲ海底ニ沈ントス、水主・梶取周章テ帆薦ナンドヲ投入々々渦ニ巻セテ、其間ニ船ヲ漕通サントスルニ、舟曾不去、渦巻クニ隨テ浪ト共ニ舟ノ廻ル事、茶臼ヲ推ヨリモ尙速也、是ハ何様龍神ノ財寶ニ目懸ラレタリト覺ヘタリ、何ヲモ海ヘ入ヨトテ、弓箭・太刀・々・鎧・腹巻、數ヲ盡シテ投入タレ共、渦巻事尙不休、サテハ若色アル衣裳ニヤ目ヲ見入タルラントテ、御息所ノ御衣、赤キ袴ヲ投入タレバ、白浪色變ジテ、紅葉ヲ浸セルガ如クナリ、是ニ渦巻キ少シ閑マリタレ共、船ハ尙本ノ所ニゾ囘居タル、角テ三日三夜ニ成ケレバ、舟ノ中ノ人獨モ不起上、皆船底ニ醉臥テ、聲々ニ呼叫ブ事無限、御息所ハ、サラデダニ生ル御心地モナキ上ニ、此浪ノ騒ニナヲ御肝消テ、更ニ人心モ坐サズ、ヨシヤ憂目ヲ見ンヨリハ、何ナル淵瀬ニモ身ヲ沈メバヤトハ思召ツレ共、サスガニ今ヲ限ト叫ブ聲ヲ聞召セバ、千尋ノ底ノ水屑ト成、深キ罪ニ沈ナン後ノ世ヲダニ誰カハ知テ訪ハントト思召ス涙サヘ盡テ、今ハ更ニ御クシヲモ擡サセ給ハズ、ムクツケ男モ早忙然ト成テ、懸ル無

松浦五郎ハ情無キ田舎人ニシテ、御息所ヲ海ヘ投入レントス

便船セル僧一人、松浦五郎ノ袖ヲ引ク

止事貴人ヲ取奉リ下ル故ニ、龍神ノ咎メモアル哉ラン、無詮事ヲモシツル者哉ト誠ニ後悔ノ氣色ナリ、斯ル處ニ梶取一人船底ヨリ這出テ、此鳴渡ト申ハ、龍宮城ノ東門ニ當テ候間、何ニテモ候ヘ、龍神ノ欲シガラセ給フ物ヲ、海ヘ沈メ候ハネバ、イッモ加樣ノ不思議アル所ニテ候ハ、何樣彼上臈ヲ龍神ノ思懸申サレタリト覺ヘ候、申モ餘ニ邪見ニ無情候ヘ共、此御事獨ノ故ニ若干ノ者共ガ、皆非分ノ死ヲ仕ラン事ハ、不便ノ次第ニテ候ヘバ、此上臈ヲ海ヘ入進セテ、百餘人ノ命ヲ助サセ給ヘトゾ申ケル、松浦元來無情田舍人ナレバ、サテモ命ヤ助カルト、屋形ノ内ヘ參テ、御息所ヲ荒ラカニ引起シ奉リ、餘ニ强顔御氣色ヲノミ見奉ルモ、無本意存候ヘバ、海ニ沈メ進スベキニテ候、御契深クバ土佐ノ畑（幡多郡・高岡郡）ヘ流レヨラセ給ヒテ、其宮トヤラン堂トヤラン、一ッ浦ニ住セ給ヘトテ、無情掻抱キ進セテ、海ヘ投入奉ントス、是程ノ事ニ成テハ、何ノ御詞カ可有ナレバ、只夢ノ樣ニ思召シテ、ツヤ〳〵息ヲモ出サセ給ハズ、御心ノ中ニ佛ノ御名許ヲ念ジ思召テ、早絶入セ給ヌルカト見ヘタリ、是ヲ見テ僧ノ一人便船セラレタリケルガ、松浦ガ袖ヲ磬テ、コハ如何ナル御事ニテ候ゾヤ、龍神ト申モ、南方無垢ノ成道ヲ遂テ、佛ノ授記ヲ得タル者ニテ候ヘバ、全ク罪業ノ手向ヲ不可受、而ルヲ生ナガラ人ヲ忽ニ海中ニ沈メラレバ、彌龍神忿テ、一人モ助ル者ヤ候ベキ、只經ヲ讀ミ陀羅尼ヲ滿テ法樂ニ備ラレ候ハンズルコソ可然覺ヘ候ヘト、堅ク制止宥メケレ

松浦五郎、理ニ折レテ御息所ヲ篷屋ノ内ニ投ゲ棄ツ

武文ノ靈、松浦五郎ノ舟ニ向テ其ノ舟留マレト招ク

松浦五郎、御息所ヲ小舟ニ乘セ突流ス

松浦五郎ノ舟ハ西ヲ指シテ吹カレ行ク

バ、松浦理ニ折テ、御息所ヲ篷屋ノ内ニ荒ラカニ投棄奉ル、サラバ僧ノ儀ニ付テ祈リヲセヨヤトテ、船中ノ上下異口同音ニ觀音ノ名號ヲ唱奉リケル時、不思議ノ者共波ノ上ニ浮ビ出テ見ヘタリ、先一番ニ退紅著タル仕丁ガ、長持ヲ舁テ通ルト見ヘテ打失ヌ、其次ニ白葦毛ノ馬ニ白鞍置タルヲ、舍人八人シテ引テ通ルト見ヘテ打失ヌ、其次ニ大物ノ浦ニテ腹切テ死タリシ、右衛門府生秦武文、赤糸威ノ鎧、同毛ノ五枚甲ノ緒ヲ縮、黄鴾毛ナル馬ニ乘テ、弓杖ニスガリ、皆紅ノ扇ヲ擧ゲ、松浦ガ舟ニ向テ、其舟留マレト招ク樣ニ見ヘテ、浪ノ底ニゾ入ニケル、梶取是ヲ見テ、灘ヲ走ル舟ニ、不思議ノ見ユル事ハ常ノ事ニテ候ヘ共、是ハ如何樣武文ガ怨靈ト覺ヘ候、其驗ヲ御覽ゼン爲ニ、小船ヲ一艘下シテ此上﨟ヲ乘進セ、波ノ上ニ突流シテ、龍神ノ心ヲ如何ト御覽候ヘカシト申セバ、此儀ゲニモトテ、小船ヲ一艘引下シテ、水手一人ト御息所トヲ乘セ奉テ、渦ノ波ニ漲テ巻却ル波ノ上ニゾ浮ベケル、彼早離・速離ノ海岸山ニ被放、飢寒ノ愁深シテ、涙モ盡ヌト云ケンモ、人住嶋ノ中ナレバ、立寄方モ有ヌベシ、是ハ浦ニモ非ズ、島ニモ非ズ、如何ニ鳴渡ノ浪ノ上ニ、身ヲ捨舟ノ浮沈ミ、鹽瀬ニ回ル泡ノ、消ナン事コソ悲ケレ、サレバ龍神モヱナラヌ中ヲヤ被去ケン、風俄ニ吹分テ、松浦ガ舟ハ西ヲ指シテ吹レ行ト見ヘケルガ、一ノ谷(攝津國八部郡)ノ澳津ヨリ武庫(武庫郡)山下風ニ被放テ、行方不知成ニケリ、其後浪靜リ風止ケレバ、御息所ノ御船ニ被乘ツル水主甲斐々

御息所絶入ルモ蘇生ス

々敷舟ヲ漕寄テ、淡路ノ武嶋(三原郡)ト云所ヘ著奉リ、此嶋ノ爲體、回一里ニ足ヌ所ニテ、釣スル海士ノ家ナラデハ、住人モナキ嶋ナレバ、隙アラハナル葦ノ屋ノ、憂節滋キ栖ニ入進セタルニ、此四五日ノ波風ニ、御肝消御心弱リテ、軈テ絶入セ給ヒケリ、心ナキ海人ノ子共迄モ、是ハ如何ニシ奉ラント、泣悲ミ、御顏ニ水ヲ灑キ、櫓床ヲ洗テ御口ニ入ナンドシケレバ、半時許シテ活出サセ給ヘリ、サラデダニ涙ノ懸ル御袖ハ乾ク間モ無ルベキニ、篷漏ル滴藻鹽草、可敷忍旅寢ナラネバ、何迄角テモ有佗ブベキ、土佐ノ畑ト云浦ヘ送リテモヤレカシト、打佗サセ給ヘバ、海士共皆同ジ心ニ、是程嚴敷御渡候上臈ヲ、我等ガ舟ニ乘進セテ、遙々ト土佐迄送リ進セ候ハンニ、何ノ泊ニテカ、人ノ奪取進セヌ事ノ候ベキト、叶マジキ由ヲ申セバ、力及バセ給ハズシテ、浪ノ立居ニ御袖ヲシボリツヽ、今年ハ此ニテ暮シ給フ、哀ハ類ヒモ無リケリ、○後略

四九　正安寺梟鐘銘

○肥前松浦郡神佛像銘幷鐘銘

平戶正安寺

奉鑄懸　肥前平戶(松浦郡)　正安寺梟鐘、
右志者爲天長地久、

大檀那寘廣　　鑄師沙彌圓道
同大檀那助成各力、
所願普皆圓滿、
建武二（丁丑）三月十日辛亥鑄之、大勸進僧琳海

五〇　○北肥戰誌

世良親王八代（肥後國八代郡）へ御下向所々軍の事

○前略　同（建武）五年延元三年なり、戊寅正月、菊池左京大夫武重、一萬餘騎を引率し、八代を立ちて筑後に來り、同名掃部助武敏が在陣せしに參會し、其勢を合せて石垣山（竹野郡）鷹取城へ栖籠る、一色入道（範氏・道猷）是を聞いて、さらば彼等を退治すべしと、姪の濱（筑前國早良郡）の城を出で筑後國へ發向し、先づ瀬高庄（山門郡）に陣を取り、筑前・肥前兩國の勢を以て、三月三日石垣山の城を攻む、されども菊池落城せず、時に管領（高師直）の勢の中に、松浦等多く討死す、同十四日、道猷下知を加へ、今河藏人大夫頼貞本名佐竹源藏人氏義、・小俣太郎入道々剩を以て、高尾山（筑後國山門郡）の敵を攻めさする、此時も亦松浦黨の中に、壹岐の石丸彌五郎近・同野田五郎安以下百五十人討たれて、寄手叶はず引退く、

石垣山合戰ニテ松浦黨多ク討死ス
高尾山ノ敵ヲ攻メ松浦黨百五十人討タル

松浦黨討死・手負・分捕合戰交名ヲ注進ス

時に討死・手負の交名を記し、管領へ披露す、其狀にいふ、

一、注進

建武五年三月、於筑後國石垣山菊池武重以下凶徒合戰之時、松浦一黨等討死・手負・分捕幷平合戰交名之事、

一、飯田彥次郎定討死、
一、得富彥七家政討死、
一、中村彌三郎頭に疵を被る、
一、飯田次郎抑討死、
一、西浦源次郎持
一、寒水井彥次郎(納)討死、
一、宇久馬場七郎勇討死、
一、河崎五郎□(兼)討死、
一、同旗指五郎四郎右こらり骨に射疵、
一、同中間左近太郎討死、
一、巖本八郎守討死、
一、得末又太郎(武)討死、
一、赤木堤彥六昵討死、
一、菖蒲隈本五郎(榮)討死、
一、常葉左衞門次郎重高討死、
一、隈辻十郎入道覺乘代子息八郎長討死、
一、波多馬渡五郎長討死、
一、長田又次郎(公光)左の股に射疵、
一、赤木又次郎入道源榮
一、大塚三郎右ひざ口に射疵、
一、鴨打二股(俣カ)彌五郎階(諧カ)分捕、
一、鴨打彥六增射疵、
一、鴨打石田彥三郎(實)左肩先に射疵、

以下略之、

總合貳百五十四人

百五十人之內
一、壹岐野田五郎安此人は三日合戰の後、屬今河殿御手高尾山攻之時、

百五十人之內
一、壹岐石丸彌五郎近同前、以下略之、

○後略

五一　石垣山合戰松浦黨討死・分捕・手負注文寫△

○佐賀縣唐津市相知町圖書館所藏文書

石垣山合戰ノ松浦一族討死・手負・分捕合戰交名ヲ注進ス

注進　建武五年三月三日、於筑後國石垣（竹野郡）山、菊池武重以下凶徒等合戰時、松浦一族等討死・手負・分捕交名勘文事

討　死

一、飯田彦次郎定　討　死
同親類得富彦七家政　討　死
同親類中村彌三郎　頭切疵
一、飯田次郎抑　討　死
一、西浦源次郎持　討　死
一、寒水井彦次郎納　討　死
一、宇久馬場七郎勇　討　死

一、河崎五郎兼　討死
同旗差五郎四郎　右コラリ骨　射疵
同中間左近十郎　討死
一、嚴木八郎守　討死
一、得末又太郎武　討死
一、赤木堤彦六昵　討死
菖蒲
一、隈本五郎榮　討死
一、常葉左衞門次郎重高　討死
一、隈辻十郎入道覺乘代子息八郎長　討死
一、波多馬渡五郎長　討死
討死　十五人
手負分
一、佐志次郎勤　右モモ　射疵
同　中間平六　討死

同　中間平四郎　　カイカネ　射疵
同旗差三郎五郎　　右ホホ　射疵
同　中間平十郎　　左ヒザブジ（マヽ）　射疵
一、佐志多久小次郎前　　右コカイナ　射疵
中間平三郎　　頭切疵
一、鴨打彦六增　　左ノウデ　射疵
一、鴨打石田彦三郎實　　左カタサキ　射疵
一、神田彦五郎調　　左カタ二カ所　射疵
一、宮原八郎傳　　左ノモモ　射疵
一、赤木野中四郎友　　右指　切疵
一、木城源六納　　右ヒタイ　切疵
一、赤木森十郎上　　左モモ　切疵
一、神田五郎三郎時　　左太モモ　射疵
一、窪田源三郎壹　　右足　射疵
一、大石又次郎至　　左膝　射疵

一、御厨小次郎並　左　膝　射　疵
一、同若黨右馬允　右カイガネ　射　疵
一、同若黨平六兵衞　右コブラ　イキズ
一、同若黨五郎三郎　右スネ　イキズ
同中間三郎太郎　左コカイナ　切　疵
一、御厨坂本彦次郎　右ホホヨリクビホネ　蒙射疵
一、御厨中尾小三郎勇　左カイナ　イキズ
一、御厨樋口三位房　左手大指合　イキズ
一、御厨船木左衞門次郎增　右　肩　イキズ
一、廣瀬九郎壹　左手大指　切キズ
一、山本四郎入道圓覺　クビ　イキズ
一、山本弁房賴圓　左ノヒザカシラ　イキズ
一、石志中村七郎强　左ノモモフシ　イキズ
一、値賀次郎廣　左ノヒザフシ　イキズ
同旗差吉丸平九郎　クビ骨　イキズ

一、値賀三郎穩	右大指　イキズ
一、長田又次郎公光	左ノ肢　イキズ
一、大栂益田太輔房源全	クビ二カ所　切疵 スネ二カ所　射疵
一、鶴田小次郎明	左ノヒザロ　イキズ
一、江河彦九郎武	左ノスネ　イキズ
一、重松又七固	左ノ腹　切疵
一、武有平四郎	右口ヲ　イキズ
一、千々賀五郎四郎種定	左ノ乳上　イキズ
一、大石田小次郎奉	右ノスネ　イキズ
一、吉富太郎公廣	左ノ肩先　イキズ
一、高野瓦屋彌三郎	右ノウデ　イキズ
一、相知孫太郎秀	右ノウデ　イキズ
一、中村次郎左衞門尉勝	左ノヒザフシ　イキズ
同親類左衞門三郎	右ノカイナ　イキズ

一、鶴田內田彌五郎入道
子息又七越　右カタ　切疵
一、波多四郎左衛門入道　左ノワキシタ　イキズ
子息左衛門三郎　右ノコシ　イキズ
一、大河野藤三入道
子息彦四郎　左ノカイカネ　切疵
一、河崎源五代太輔房　討死
一、波多又三郎分
若黨左衛門次郎　討死
同族〔旗〕差得永　右コシホネ　イキズ
一、赤木又次郎入道源榮
代大塚三郎　右ノヒザ口　イキズ
一、佐志千壽丸
代四郎衛門　左ノ足　イキズ

一、伊倉次郎入道淨佛分

族〔旗〕差三郎　　頭　　イキズ

一、神田八郎求分

若黨深江小次郎　　左ノカイナ　　イキズ

一、大石房丸代藤五　　右ノ耳下　　イキズ

同旗差徳永　　右コシ骨　　イキズ

一、鴨打二俣彌五郎諧分

一、樟崎熊若丸代紀藤五郎

一、佐志中嶋源五郎

一、四松彦童丸代中五郎

一、値賀浦彌源次

一、藤田彌五郎

一、佐志大嶋六郎次郎

一、佐志森孫三郎

一、得末大坪彌六

一、下津窪源次
一、大石前田孫六
一、風早彌九郎
一、山口三郎入道
一、宮原又四郎
一、末河又三郎
一、末河孫五郎
一、神田五郎入道後家尼妙恵
代十藥彌三郎
一、大野窪彦次郎
一、同源次郎
一、黑岩尼代深江小五郎
一、御厨堤彌次郎
一、御厨六郎三郎滿
一、御厨小窪三郎次郎入道

代籠九郎
一、御厨松野源五全
一、御厨樋口次郎入道
代次郎太郎
一、御厨佐井原孫四郎紀
一、御厨中村左衞門三郎
一、波多源太代松隈彌五郎
一、波多山下四郎代子息源四郎
一、波多有童丸代平四郎
一、波多袈裟安丸代五郎四郎
一、得末又五郎爲道
一、得末又次郎道不知代孫太郎
一、得末彦三郎道義
一、有田孫龜丸代三郎入道
一、古館又三郎

一、下津九三郎代七郎
一、大椙源五郎入道代源六
一、野中又三郎
一、飯田源次集
一、神田山口彦六縦
一、神田山口又六
一、西浦三郎
一、神田風早十三郎
一、相知孫次郎
一、相知孫三郎
一、相知孫次郎入道蓮喜
代又五郎
一、大河野曲田源八
一、大椙筑前房源知
一、瓦屋大夫房代孫三郎

一、寒水井源次入道
一、大河野孫三郎崇
一、寒水井寺山源十郎覺
一、寒水井源三郎
一、安良久田五郎
一、惠利又四郎兼繩
一、深浦又四郎至
一、鶴田中村源六入道代近衞門
一、中村三郎
一、中村六郎
一、大石原彌五郎
一、大石岩鶴丸代藤十郎
一、班(斑)石彦鶴丸代久納四郎秀直
一、壹岐内野五郎安
此仁者三日合戰以後、存續今川(賴貞カ)殿御手高尾山(筑後國山門郡)責之時致合戰、

右、注進如斯、爲此條、僞申候ハヾ、日本六十餘州大小神祇明道(冥)、殊者八滿(幡)大菩薩御罰、各可罷蒙者也、

右、本書在松浦十太夫契之家、其前當時之草案歟、

本書ハ松浦契ノ家ニ在リ

曆應元年四月七日

五二

○太平記

○先帝崩御事

南朝ノ年號延元三年八月九日ヨリ、吉野ノ主上(後醍醐天皇)御不豫ノ御事有ケルガ、次第ニ重ラセ給、○中略八月十六日ノ丑剋ニ、遂ニ崩御成ニケリ、○中略天下久亂ニ向フ事ハ、末法風俗ナレバ暫ク言ニ不足、延喜・天曆ヨリ以來、先帝程ノ聖主神武ノ君ハ未ヲハシマサザリシカバ、何ト無共、聖德一タビ開テ、拜趨忠功ノ望ヲ達セヌ事ハ非ジト、人皆憑ヲナシケルガ、君ノ崩御ナリヌルヲ見進テ、今ハ御裳濯河ノ流ノ末モ絕ハテ、筑波山(常陸國筑波郡)ノ陰ニ寄人モ無テ、天下皆魔魅ノ掌握ニ落ル世ニ成ンズラント、アヂキナク覺ヘケレバ、多年著纏進ラセシ卿相雲客、或ハ東海ノ波ヲ蹈デ仲連(魯)ガ跡ヲ尋、或ハ南山ノ歌ヲ唱テ甯戚ガ行ヲ學ント、思々ニ

身ノ隠家ヲゾ求給ケル、爰ニ吉野執行吉水法印宗信、潜ニ此形勢ヲ傳聞テ、急參内シテ申ケルハ、先帝崩御ノ刻被遺々勅、第七ノ宮（義良親王）ヲ御位ニ卽進セ、朝敵追伐ノ御本意ヲ可被遂ト、諸卿親リ綸言ヲ含セ給シ事也、未日ヲ經ザルニ退散隠遁ノ御企有ト承及候コソ、心ヱガタク存候へ、異國ノ例ヲ以吾朝ノ今ヲ計候ニ、文王草昧ノ主トシテ、武王周ノ業ヲ起シ、高祖崩ジ給テ後、孝景漢ノ世ヲ保候ハズヤ、今一人萬歳ヲ早シ給フトモ、舊勞ノ輩其功ヲ捨テ敵ニ降ント思者ハ有ベカラズ、就中世ノ危ヲ見テ彌命ヲ輕ゼン官軍ヲ數ルニ、先上野國ニ新田左中將義貞ノ次男左兵衛佐義興、武藏國ニ其家嫡左少將義宗、越前國ニ脇屋刑部卿義助・同子息左衞門佐義治、此外江田・大館・里見・鳥山・田中・羽河・山名・桃井・額田・一井・金谷・堤・青龍寺・青襲・小守澤ノ一族都合四百餘人、國々ニ隠謀シ所々ニ楯籠ル、造次ニモ忠戰ヲ不計ト云事ナシ、他家ノ輩ニハ、筑紫ニ菊池・松浦鬼八郎・草野・山鹿・土肥・赤星、四國ニハ土居・得能・江田・羽床、淡路ニ阿間・志知、安藝ニ有井、石見ニハ三角入道（兼連・信性）・合四郎、出雲・伯耆ニ長年（名和）ガ一族共、備後ニハ櫻山、備前ニ今木・大富・和田・兒嶋、播磨ニ吉河、河内ニ和田・楠・橋本・福塚、大和ニ三輪ノ西阿（大三輪勝房）・眞木ノ寶珠丸、紀伊國ニ湯淺・山本・井遠三郎・賀藤太郎、遠江ニハ井介、美濃ニ根尾入道、尾張ニ熱田大宮司、越前ニハ小國・池・風間・禰津越中守・大田信濃守、山徒ニハ南岸ノ圓

松浦鬼八郎官軍ニ忠ヲ盡シテ變ゼズ

宗院、此外泛々ノ輩ハ數ニ不遑、皆義心金石ノ如ニシテ、一度モ變ゼヌ者共也、身不肖ニ候ヘドモ、宗信右テ候ハン程ハ、當山ニ於テ又何ノ御怖畏カ候ベキ、何樣先御遺勅ニ任テ、繼體ノ君ヲ御位ニ卽進セ、國々ヘ綸旨ヲ成下レ候ヘカシト申ケレバ、諸卿卿皆ゲニモト思レケル處ニ、又楠帶刀(正行)・和田和泉守(正武カ)二千餘騎ニテ馳參リ、皇居ヲ守護シ奉テ、誠ニ他事ナキ體ニ見ヘケレバ、人々皆退散ノ思ヲ翻テ、山中ハ無為ニ成ニケリ、

五三　某書狀案斷簡※

○中村令三郎氏所藏文書

正中二年以來二十年ニ及ビ知行ノ由承知セズ

○前缺

うりけんのあんのことくハ、しやうちう二ねんとミゑ候、すてに廿ねんにをよひ候まて御ちきやうのし[redacted]なく候、（よし、すへてうけ給候ハす候、）又たまく（ゑいたい御はいとく候ハ、（買得）くハうのねんく公事御（公方）

高祖

さた候ハ、、かくれあるましく候へとも、そのきなく候、これもうけ給らす候ハ、、たかそも御ちけん候て、（しかハうに）御ちきやうとうけ給候、いりほんに候、いかてかかいちきやうつかまつ（筑前國怡土郡）（買知行）

志登入道他界

り候へき、又しとの入道殿たかいのゝちも、三四ねんになり候に、つやく村内田候うけ給ハる事なく候、又くきのにしのよりとうりけんのあんにミゑ候事こそふしんにそんし候（西依）

へ、このくき五たんにしひかしにわりてきたのより五たん(一ちやう)ハ中をにセセ給て候し、きんねんハこかねまろにちきやう候しを、きやうセいにとりかゑして、しとの入道殿もたれて候し、このうりけんにハにしのよりと候あいた、きたミなみにわりてこそにしのよりとハ候ハんすれ、これ又ふしんにおほゑ候、人のもたセ給て候ハんところをたうれ候へきか、これ又ふしん候おほゑこれらのしさいを申給へきよし申され候、〇後缺

五四

〇種子島家譜一

〇時充(種子島)

左近將監　入道名時榮

〇母法號妙圓大禪定尼九月三日死去、

種子島時充、家督ヲ同又太郎ニ約セシ後、實子ヲ儲ク

〇時充壯歲寢疾厚、自覺不免、約屬家統於同氏又太郎、號所殿、信式六男信貞之子信家之二男也、後得愈而生一子、頼時是也、於是、時充悔約、以謂殺又太郎、傳家統頼時、招家臣密議、皆不可、曆應・康

平戶ヨリ種子島ニ放下來ル

平戶商船

永間、有自肥前國平戶(松浦郡)來善眩術、俗云放下、擧人見之爲奇怪、時充聞之召見其術數回、其後平戶商船來、其船長從舟子數輩、行裝殊美、往來赤尾木市街、(大隅國熊毛郡)偶遇眩者於途、敬待之甚厚矣、

松浦黨一族遠藤頼堅、朋友ヲ殺シテ追放セラル

時充自本城遙望見之、時充居城、怪其禮厚、召船長而問其故曰、彼松浦黨一族遠藤源三頼堅者也、少年殺害朋友、以幼稚故宥其罪、追放國中、故巡廻諸國也、時充召頼堅、與祿以爲臣、且以國上村(熊毛郡)大内侍女、妻之、於是時充以謂、頼堅羈旅臣而無舊好於又太郎、令彼殺之、密召頼堅而告之、即應命而捧誓書、又以大内侍次女、妻又太郎近習岩坪高山五郎友重、爲姻婭、

頼堅、種子島又太郎ヲ殺シ恩賞ヲ賜ハル

於是相與謀、貞和二年三月十八日講射於御坊、在慈遠寺上、招又太郎置酒肴醉之、後害之、時充賞之、賜頼堅野間村(熊毛郡)、友重平山村(熊毛郡)、以爲家老職、

○高城寺文書

五五　滋野長經打渡狀

河副莊内高城寺領ヲ、故大佛朝房寄進狀幷ニ松浦一族一揆狀ノ旨ニ任セ、寺家ニ打渡ス

肥前國河副庄(佐嘉郡)内高城寺領、任故備前入道(大佛朝房・妙性)寄進狀幷松浦一族一揆狀之旨、打渡寺家候畢、仍爲後一揆狀如件、

貞和三年二月六日

田所滋野長經(花押)

五六　近藤定秀書狀寫△

○五嶋境目舊記

（肥前國松浦郡）
中浦邊堺之事

近藤定秀、浦部島中浦部ノ境ヲ定ム

一、次之浦を北南にふミとをり、かハらが浦よりこさきをかきり、せうけ（祝言）のはまとまりをおきのしまに見とおし、南ハかふのくひ（郷首）に見とおし、ほとけさき（佛崎）をかきり、それより西ハひせう（肥州）一圓なり、

平戸氏ノ一圓領

一、せとのわきにたて、くしのしま（串島）、かしハのしま（柏島）、ひせう一えん、

海ノ境

一、海のさかい、あふかたの江に鵜瀬二ツあり、うちのうのせハあふかたのうち、ほかのうのせより、たるみのくいセをかきり、それよりひのしまのひめが小嶋を見とおし、北はおきの嶋を見やわセ（合）、南ハやくまる（藥丸）のせとをかきり、ひせう一えんの海なり、

二方領の分

平戸・佐志氏ノ合知行領

一、あいか（鮎河）はさきより、おたてをうへのくひよりしら岩のたけにふミとおり、東ハたいのうら（鯛浦）おたて、かうの浦のかさね石をかきり、めんたけの南をやくまるのセとに見合、もちこしより、やうからしのうへのおたて、ひちさきをかきり、それよりほとけさきまてハ肥州・壹州合知行にて候、

一、せうけのしまハ青方殿相知行にて、

同こは畠の事

木庭畠

一所、としやくの本代官作、一所、くはの木のさこ四らう作、一所、大山のかしらたいくわん作、一所、おそのくひ、一所、はちはたけ源藤作、一所、かちの木はたけ、此分爲心得也、

網代

一、あしろは、かますハもにつき候間、青方殿日かわしなり、かつをハしをときのとおりあいの物にて候間、かけのさし次第なり、

一、たるミの水しものあしろ、そねのあかはま(曾根赤濱)のあしろに、さるしさい候てかへられ候間、ひせうのセひのあしろたるへく候、

三方領之事

宇久・平戸・佐志氏ノ三方知行領

一、ひちさきより、たけかうらをかきり宇久殿半分、ひせう・いせう(壹州)半分相知行にて候、

一、宿浦の事、きミなこあミのとくふんハひせうのせいのあミたるへく候、いはしあミのとくふんハ、たいくわんのはかまのきかへにて、おなしく公事は三方領一けんよりハ少もおゝくもりうけん、

年貢

一、御ねんく、一えんハ一ぬりにしほ四石、同御かなしほ二ツ、二方りやうハ一ぬりニしほ

二石、同御かなしほ一ッ、三方領ハ一ぬりニしほ一石、同かなしほ一ッ、これは御上の御とく分にて候、くうしハ一えんのかま一けんハ田一町之分のくうしにて候、同さらぬりのときハ一圓は十俵、二方領は五俵御めんにて候、そのうち、かまさとのそんしかへハ、ときの分別にて申付候、

一圓といかす

土居

一、三本松、一、ほりきり、一、いやか浦、

一、いゝのせと、一、こての浦、一、あふき、一、みつとい、

二方領分

一、いまさと、一、さきのとい、一、ミかのうら（三日浦）、一、はいさき、一、をはま、一、までのうら、一、かうふつ、一、もとくら、一、あらかは、一、ゆすの木とまり、一、中のうら、一、大うら、一、あらのうら、本くらの御地子五俵ハ山王ニきしん、

地子ハ山王ニ寄進ス

三方之分

一、ふなかくし、一、ついち、一、こめの山、一、大らいかわち、一、ふるさと、一、きり、一、さをさ（佐保）きめの山のさかい、

一、あかはえのハきにうちなしあり、そのしたにはいたての石一ッあり、それよりおたてい

れのにふミとおり、西ハひしやこのさきをかきり、ひやうちやうかたけとも申候、くたまきか尾ともいゝ候、夫よりさきめハ肥州一圓にて候、
一、御ねんく之事、一ぬりにしほ三石、御かなしほ二ツ、是ハのかま（野釜）にて候間、くうしハ出らす候、
一、たけあいのあしろ肥州一圓にて候、といかす、
一、てうち、一、たけあい、一、たけのしも、
右、此旨無油斷可申付候也、爲後日一筆如件、

正平二年十一月　日　　近藤播磨守藤原定秀

近藤太郎殿

五七　近藤定秀書狀寫△

○五嶋境目舊記

さきめ之事
一、にしはひしやこのさきの尾立ヲ入野にふミとをり、ひやうちやうのたけ共申、又ハくた巻の尾とも申候、ひかしハあかはえの脇にうちなし有り、その下ニはいたての石二ツあ

り、それより尾立ヲふミとをり、それより崎は肥州一圓にて候、

地子鹽
半地子
一、御地子の鹽、さきめハはん地子にて候、下浦ハ一圓ハ四十俵、二方ハ二十俵、三方ハ十俵にて候、

右、此旨内々無油斷可致申付候事肝要候、爲後日之一筆如件、

正平二年（マヽ）午甲拾貳月日　　近藤播磨守藤原定秀判

近藤太郎殿

五八　近藤定秀書狀寫△

○五嶋境目舊記

平戸氏の一圓領
一、（肥前國松浦郡）次の浦をきた・みなミにふミとをり、きたは小崎をかきり、せう氣（祝言）の濱とまりをおきの嶋に見とをし、南はほとけさきをかきり、かうのくひにみとをし、それよりにしは肥州一圓にて候、

海ノ境
一、うミのさかひ、青方の江にうのセ二ツ有り、うちのうのセハあふかたの内、ほかのうの瀬よりたるミのくひ瀬をかきり、にしハひのしまのひめかこしまをかきり、おきのしまに見あわせ、みなミハやくまるかせとを見あはせ、それよりにしの瀬は肥州一圓にて候、

平戸・佐志氏ノ相知行領

一、肥州一圓のこしま三ツ有り、かしはしま・折嶋・くしの嶋、おなしくくしのしまはたいくわんのしまなり、

二方領の分

一、鮎河さきよりをたて、うへのくひよりしら岩かたけにふミとをり、ひかしハかうの浦のかさねいしをかきり、みなミハやくまるかセとを見とをし、肥州・壹州相知行、おなしくみなミのさかひとも作こしの尾たてひちさきまて堺にて候、

網代

一、せうきのしま、靑方殿と相知行にて候、おなしくあしろの事、かますハもにつくあひた、日かはしにて、かつほはしほときの物にて候あひた、かけのさししたいにて、同とく分ハ代官しんたいたるへし、三个一とくにて候、

平戸・佐志・靑方氏ノ三方知行領

三方領之事

一、もちこしよりおたてをひちさきにふミとをり、みなミハさを崎より、たけか浦ヲかきり、それより西はひせう・壹せう半分、あふかたとの半分、三人の知行にて候、

右、此分內々無油斷可申付事肝要候、爲後日之一筆如件、

正平二年午甲(マヽ)拾貳月　日

近藤播磨守

定秀

近藤太郎殿

五九　高橋英光副狀寫

○阿蘇家文書

使節松浦三郎左衞門尉・同右近將監ヲ以テ、阿蘇惟時ニ將軍家御書幷ニ執事狀ノ寫ヲ進上ス

彼御方(足利直冬)九州御下之由、其聞候之間、以兩使(松浦三郎左衞門尉・同右近將監)將軍家御書幷執事(高師直)狀案先寫、進之候、仍正文者、兩使可持參候歟、相構可令致忠節給候、六郎藏人殿(足利尊氏)(田原貞廣ヵ)許より、度々承候之間、無使節之儀候、諸事連々可示給候、不可有等閑候、恐々謹言、

九月廿八日(貞和五年)　　高橋殿狀　中務丞英光(花押影)

謹上　阿蘇大宮司殿(宇治惟時)

「謹上(包紙ウハ書)　阿蘇大宮司殿(肥後國阿蘇郡)　中務丞英光」

六〇　兵庫允惟定書狀

○阿蘇家文書

使節松浦三郎左衞門尉・同右近將監、御教書ノ正文ヲ持チ下ル

將軍家(足利尊氏)御判御教書案文幷自執事(高師直)御方高橋中務丞(英光)副狀□□(令進)候、御教書正文者、御使松浦三郎左衞門尉・同右近將監被持下候、當方拜領分者、三郎左衞門尉被請取候□(了)、最前可被付進

候歟、且京都にても委細申て候、以此旨可有御披露候、恐惶謹言、

（貞和五年）
十月廿六日　　　兵庫允惟定□

進上　常陸介殿

六一　　○園太暦

一色道猷、上松浦黨・草野氏ヲ憑ミテ籠城ス

世上事驚申事
（觀應元年十月）
十七日、天陰、或微雨、大外記師茂（中原）來、謁之、世上事驚申、○中略 仰云、今日一色（範氏・道猷）飛脚到來、大友（氏時）・少貳（頼尚）悉與同之條勿論也、一色相憑上松浦輩幷草野等、如形籠城、將軍（足利尊氏）爲發向者、定無子細歟之旨申之、仍來廿五日進發必定之由有其聞、委旨可參申之由、賢俊僧正申之云々、○後略

六二　安樂寺領注進狀寫　　○太宰府天滿宮文書

（端裏書）
「むかしノ宰府之□帳共也、」

一切經會□（田）□□□（號侍嶋井）（筑前國御笠郡）志波□□（田村）、　東院敷地□□□□寺（在觀世音）東、

佐志将監、廊子村ヲ押領ス

一色道猷奉公人飯田集、常燈料所屋形原村ヲ押領ス

(那珂郡)石門郷内般若寺　　月忌村

竹薗寺　　(御笠郡)香薗寺

庄内田地　　(宗像郡)席内院清里名

(那珂郡)廊子村今佐志将監押領、社家訴之、　　(御笠郡)水城空閑

那珂郡須久村武末名

對馬公廨　　上座郡朝鞍寺

(御笠郡)大利村内末次名廟院常燈料所

同村内燈油田資時(少貳)跡　　(下座郡)長田・(下座郡)中村

(夜須郡)彌永名燈油并仁王講田　　屋形原村常燈料所、去年以來一色入道(範氏・道猷)奉二〔公〕人(飯田集)左近将監謀〔某〕押領之、

上切候、村□御靈社常燈料所□人押領之子細、

□内庚申講田　　花薗村

□田壹町御領院塔燒〔燈〕油田

那珂東西郷

彌永小金丸黒柳入道并小吉松次郎監(濫)妨之間、廿五日御闕日會、萬燈油已下社事節會所役等退転云、

恆用名

（御笠郡）御笠東西郷
小金丸名
（御笠郡）榎木寺畠地壹町
下座郡
（下座郡）得淵田地七町
（嘉カ）志摩郡
不動丸幷小大（太）郎丸
半不輸
上切候、
郡田地
（上座カ）同郡内今當村
席内院重久名
彌富名
（那珂郡）岩門郷十一面供断所
（糟屋郡）酒殿村七宴席御供断所
二所社

山城田地壹町餘
（御笠郡）長岡田畠貳丁
屋敷一个所
草四郎町壹丁
（後脱カ）嵯峨院御寄進之、
同郡内杷木郷内石王丸
稲次金丸
（嘉麻郡）三緒次郎丸名
（下座郡）三奈木郷長日十一面供断所
下座郡内幸泉名燒（燈）油断所
鬬田村御供断所
（鞍手郡）稲光内近年爲燈油断所安房前入道寄進之、

○中略

一、肥前國一圓

(基肄郡)小倉庄　(養父郡)鳥栖庄
(養父郡)幸津庄　(養父郡)同新庄
(養父郡)神邊庄同萱方村　(神埼郡)石動庄
(三根郡)米多庄　(佐嘉郡)蠣久庄
(小城郡)藤織庄凶徒押領之、　(佐嘉郡)佐嘉庄御方(足利直冬)若槻下孫六郎號預所致濫妨也、
(佐嘉郡)牛嶋庄同片多江村　仁王講田
上切候、野庄　(松浦郡)松浦庄荒久田安六名關東寄附之、不從社家所勘、
(基肄郡)曾禰崎庄內談議田　同小楠南里田地
半不輸
上切候、戸倉光御方押領之、　半免御領小松丸同之、
(養父郡)牛原御領同之、　(基肄郡)半免行武名同之、
(養父郡)茈生野同之、　(養父郡)倉上庄同之、
(佐嘉郡)巨勢庄　(養父郡)義得別府同之、

松浦莊荒久田
關東ノ寄附

一色道猷作人飯田次郎九郎入道、白桑村ヲ押領ス

雖爲當宮(太宰府天滿宮)根本御領、地頭御家人甲乙輩令押領所、

清法寺　　(肥前國佐嘉郡)山田東郷七箇所村

藤木村　　(基肄郡)基肄(肆)南郷蓮原里

(基肄郡)基肄(肆)中山井天台寺(基肄郡)　　荒木田庄

上切候、保郷

(足利尊氏)将軍家御寄進所

曾禰崎庄地頭職長日大般若經粁所

○中略

一、筑後國一圓

(御原郡)高樋庄付鵜木空閑、(御原郡)又上浦空閑、(筑前國夜須郡)　　江門庄付新田、

小河庄凶徒押領、　　(筑後國竹野郡)綾野庄同之、

(竹野郡)竹野庄并高家院　　(御井郡)白桑村押領、一條(色)(範氏・道猷)入道作人飯田次郎九郎入道

(下妻郡)下妻庄凶徒押領、　　(下妻郡)長田庄同之、

(上妻郡)吉田庄付仁王講田、同之、　　大墓庄同之、

(下妻郡)坂田庄同之、　　(三潴郡)青木庄

（飯 得）得飯庄同廿木凶徒押領、（山門郡）（安脱）　　（下妻郡）北水田庄凶徒致違亂、

忠別府同之、　　樂得別府同之、

（山本郡）觀興寺同之、　　竹圓寺同之、

（上妻郡）夜部山同之、　　大般若田

上切候、（稻脱）（御原郡）吉兩村關東寄進之、　　上浦空閑廟院夏供米供所

（御井郡）鰺坂庄五郎丸名關東寄進之、

（三潴郡）三潴庄内吉祥今村凶徒大村小大（太）郎押領、

幸泉村燈油田

半不輸

（三毛郡）三毛北郷　　同南郷

（御井郡）大城村凶徒押領、　　（上妻郡）忠見別府同之、

（御井郡）櫛原庄自去年凶徒押領、　　（三毛郡）藤田別府同之、

（岩）石田庄近年（筑前國那珂郡）聖福寺諫合之、

（御原郡）（壹岐國壹岐郡）嶋分寺

（石田郡）石田保廟院七宴席會析所

右、大略注進如件、

観應三年二月日寫之云々、

都維那大法師實會

寺主大法師幸祐

上座法橋上人位聽慶

權修理別當法眼和尚位

上切候、政

○九州大學文學部所藏草野文書

六三　足利直冬充行狀

足利直冬、飯田次郎九郎入道跡ヲ荒木勝固ニ充行フ

下　上津荒木五郎次郎　法師法名勝固

可令早領知筑後國河南郡(御井郡)國分寺村内秋丸名參町秋月暗谷次郎入道跡・同村内吉元名貳町守部彌四郎跡・今泉村内參町阿志岐諸四郎入道跡・大良原村内參町光五郎三郎跡・白桑村内貳町飯田次郎九郎入道跡・阿志岐村内壹町泉又太郎跡

地頭職事

右人、爲勳功之賞、所充行也者、守先例可致沙汰之狀如件、

觀應三年後二月十一日

源朝臣（足利直冬）（花押）

六四　某書狀案

○青方文書

六八五號參看

宇久伊豆守、神崎・青方氏ト平戸氏トノ所務相論ヲ裁ク

平戸使者縫殿正

津留殿

仲直り

祐通御狀細々拜見候了、抑々□可申承之由存候處、遠所之間、罷過候、しかれとも非等閑候間、可懸御意候哉、兼又平戸方と所務事、御論無為、豆州御さはく（左博）のよし候へハ、御心安存候、ともかくも豆州可爲御意候歟、我々か事□道斷之式に候へとも、へたゝり申候ニよて、加樣御大事もはくれ申候、非本意候、平戸よりぬい殿のせう使ニ來へく候しニ、此御事も細々申へく候、平戸ニも大事ともあるへきよしこそきこえ候歟、身の事參候て、此間不審等爲申事候、すてに此船を留置て候しかとも、條々捨かたき子細候とて、村內人々とゝめられ候間、無力進候了、なにさまちとも心安事候ハヽ、參會可然候、次津留殿事、巨細しるし申候了、御返事を可待申候也、すてられ候へきにて候や、津留殿事、はや年をゝくられて候事にて候間、いまほとハ、中なをりの事を仰られて候ハヽ、可然存候、たとい中をハなをられすとも、面々御したしミあり〳〵と申口をもて、御申候ハヽ、所領をとられ候までの事ハ、やハか候へき、これハ乍憚方々御ふさたかと相存候、いまのまゝニて、

河副

下松浦ノ連署

守護代入部ス

一揆

上松浦ニハ斯様ノ事ナシ

鰹

經をハしちめ(質召カ)され候へき也、連々御れうけん(了簡)候へく候、又河副(肥前國佐嘉郡)ニハ十七日代官を先立候て、廿八日自身ハこゐられ候へきにて候と、さた治定候し、そのよし下松浦〳〵れんしよ注進候つる、いまハ守護代入ふ候て、寺江ニい候て、名々ニふれまわり候ぬ、これニちなミ候て、代官とも丶少々ハいまたこされす候、今年ニかきり候へき事にて候ニ、かやうにはやよハ〳〵しく候ほとに、無是非候、いちき一揆のハしめ去年無念にも

「(以下裏)さつせられ候ハんため、御一かくとく〳〵御のほり候へく候、當夏ハせひに打こゐられ候へくさためられて候、此事ニよて、身ハちからなくまかり下候ハす候、尚〳〵住の事ハ中をなをられす候とも、とりつめてめん〳〵御申候ハ丶、それニさ丶へられて、そりやう(所領カ)を同道□わたしつけられ候事ハ、よも候ハしと相存候、御れうけんなから申入候、餘々まのあたりの事にて候、上松浦ニハかやうの事いまた候ハす候にて候、あさましく存候て令申候、又あをかた殿よりかつを二れん下給候、たしかに〳〵つきて候、御はうし(芳志)畏入候〳〵、御めにかゝりよろつ可申聞候、一事期面候、恐々謹言、

□(花押影)

(正平九年カ)六月廿二日

(義)かうさき殿

(重)あをかた殿 御狀

六五　島津忠兼等連署一揆契諾状

○文化廳所藏島津文書

松浦持等一揆契諾ヲ結ブ

一揆面々ノ教訓

（端裏書）「　　」

一揆條々事

一、此人數いさゝかも相互に異儀を存、各別の所存候ハヽ、面々けうくん（教訓）をくわふへし、若猶もちゐ候はすハ、此一揆をはなつへき事

一、此人數の中に、馬にもはなれ、一騎もとゝまり候ハヽ、ともにみはなつへからさる事

一、此人數ハ大少事、いかなる事も候へ、あいたかいに各々身同事に存候て、就内外みはなつ事あるへからさる事

右、件意趣者、此三个條若令違犯者、日本國中大小佛神、別者　八幡大菩薩・天滿天神の御罰を、此連判の人數罷蒙候へく候、仍起請文之狀如件、

文和四年二月廿五日

ふくのへ　氏重（花押）

かすやの越前　了義（花押）

むらかミかうち　貞頼（花押）

はん四郎　助長（花押）

しまつ　忠兼（花押）

こまさいの新藏人
義員（花押）
嶋津薩〔摩〕广守
忠春（花押）
いつミの五郎さへもん
師忠（花押）
さすのさへもんの大夫
道幸（花押）
松岡彈正さ衞門尉
盛時（花押）
三郷越中二郎左衞門尉
忠連（花押）

やまと
氏政（花押）
うつき
師重（花押）
大くさ
持繼（花押）
むらかミのかもんのすけ
氏賴（花押）
山口のたんしやう
氏衡（花押）
山下のさきやうのすけ
氏秀（花押）
うちかしま
泰連（花押）
小笠原のミんふのせう
氏長（花押）
嶋津二郎さへもん
範忠（花押）
ふくのへしやうけん
貞治（花押）
もりもと
顯景（花押）
にへとみ
政元（花押）
山口のかけゆさへもん
高衡（花押）
やまとの彌太郎
政行（花押）
たけたの兵〔庫〕广助
信春（花押）

小林五郎二郎
久信(花押)
おう屋三郎入道
性善(花押)
たさきの三郎さ衞門尉
頼重(花押)
いち
行明(花押)
かけひのひやうこ
通保(花押)
山下四郎さへもん
氏鄕(花押)
いちのたんしやう
朝明(花押)
いち四郎さへもん
信明(花押)
市の九郎さへもん
春明(花押)
市の太郎左衞門尉
氏明(花押)
藥師寺かけゆさへもん
義治(花押)
三村まこ七
爲成(花押)
藥師寺しゆりのしん
義元(花押)
きたむらのさこんの大夫
守忠(花押)
くらさハの
三郎左へもん尉
盛氏(花押)

松浦持

井上
請廣（花押）
かさわらの新さへもん
氏匡（花押）
松浦十郎左衞門大夫
源持（花押）
山下左衞門大夫
政秀（花押）
とうミふの五郎さゑもん
盛幸（花押）
こいやの新五郎
經光（花押）
とうミんふの新さゑもん
盛信（花押）
志水
光宗（花押）
中村
時光（花押）
白井彈正左衞門尉
行胤（花押）
笠原中務入道
匡蓮（花押）
佐貫
宗綱（花押）

六六　草野秀永書狀寫※

○妙音寺文書

草野秀永、妙音寺方丈ヲシテ興聖寺ニ住セシム

七〇六號參看

興聖寺住持職事、度々令申候、恐入候、雖然御住候者本望候、恐惶謹言、

卯月九日　　豊前權守秀永（草野）（花押影）

進上　（肥前國松浦郡）妙音寺方丈　侍者御中

六七　大友氏時書狀寫

○阿蘇家文書

誓狀ヲ以テ契約ス

きのふそうせんもん（禪門）ニけさん候、それのしやうちう（常住カ）の事、御ほんそうのていかたり申され候、悦喜申はかりなく候、せいしやうをもて、あいたかいニけいやく申候しあいた、いよ〳〵たのミ申て候、御同心のてう、なを〳〵悦入候、

一、きくちたくミ申候したい、このへんにふうせつ候、しんようにあたハす候へとも、かねて御そんち候ハてハ、ときニのそミなんきたるへく候あいた、御心へのためニ、つるはら（鶴原）のせいあミをもて申候、たつねきこしめし、よく〳〵御ようしんあるへく候、

一、中ふせんの事、去七日かせんニ御方うちかち、しゆこ又たいくわんいけ、むねとの物三

松浦ノ人々豊前ニ出陣ス

十よ人、そうして七十よ人うちとりて候、そのゝちくにの人々大りやく御かたニつきて候、やまか（山鹿）・あさを（麻生）いけの人々、たかいのこほりかうろにて御はたあけ候、まつらの人々も、すてニうちいて候よしきこゑ候、日向の人々・くませ（球磨）いあいともに、やつしろ（八代）ニうち入へきよし申て候、かやうにしよハう同心ニうちたち候あいた、ほと候ハしとそんして候、なを〳〵これの心中このせいあミた佛申され候へく候、ふしんれん〳〵にうけ給候ハヽ、悦入候、恐々謹言、

（康安二年）八月十三日　　　　　　　　（大友）氏時花押

（惟村）阿蘇大宮司殿　　到來八月十四日午刻、（肥後國阿蘇郡）

○島津家文書

六八　島津道鑑讓狀案

山門院内三ケ村幷ニ脇本村ハ、松浦女房

讓与　　（島津）師久分

薩摩國守護職

同國薩摩郡地頭職

同國山門院（出水郡）但、於三ケ村幷脇本村者、松浦女房一期之後可知行、同青木原村者、大輔局一期之後可知行、

讃岐國櫛無保上下村（那珂郡）　同公文名幷光成名　同田所名

薩摩國河邊郡　同拾貳嶋此外五嶋

同國和泉庄名主職（出水郡）

同國串木野村（薩摩郡）

同國宮里郷參壹地頭職（薩摩郡）（マヽ）

豐後國井田郷（大野郡）

豐前國副田庄（田河郡）

筑前國今田村薩摩役所

河内國西嶋村地頭職

信濃國大田庄内大藏郷地頭職（水内郡）

同國石村南郷地頭職（水内郡）

下總國相馬郡内

下黑崎村　符河村　押手村

發戸村　甲斐御房　古志木村

一期ノ後ハ島津師久知行スベシ

右、相副代々御下文以下證文、所讓與也、於讓漏地者、惣領師久可知行之狀如件、

貞治貳年卯月十日　道鑑(島津貞久)

六九　後藤基藤請文案

○東京大學史料編纂所所藏橘中村文書

神崎莊內斑島左衞門四郞入道跡

三月十日御奉書四月十六日到來、謹令拜見候畢、抑如被仰下者、志布江橘下野權守公規子息若童丸申、肥前國神崎(神崎郡)庄內田地・屋敷等事、申狀具書如此、早相傳之次第、知行之年記(紀)、載起請之詞可被注申云々、此條、於當庄下鄉者、土師鄉加納細工所內肥前國斑嶋左衞門四郞入道跡參町內壹町八段、久治布留不知名字、令相傳之、迄于　御代以前之年、令知行之候、於其外之地者、不令存知之候、若此段僞申上候者、八幡大菩薩御罰を可罷蒙之候、以此旨可有御披露之候、恐惶謹言、

正平廿三年六月八日　越前守基藤(後藤)請文

七〇　大聖院觀世音像胎內銘

○佐賀縣唐津市西寺町大聖院所藏

奉造立　觀世音形像一體、肥前國松浦(松浦郡)西郷唐津社本地堂本尊事、

爲金輪聖王王德、陽萬民豐樂、五穀成就、當庄地頭・社務源奥・源祝(有浦)・沙彌聖心・源授(佐志)・

源□・源弘・源榮家內子孫繁昌、

建德二年八月四日

大領主　幸阿

湛勝　尼明惠

湛秀　五藤太郎

藤三郎

兵藤九郎

勸進　聖沙門明觀

宮師　幸秀

源奥等、唐津社本地堂ニ觀音像一體ヲ造立ス

有浦氏

佐志氏

七九四號參看
大河內村相傳次第

七一 大河內村相傳系圖※

○大河內文書

（肥前國松浦郡）
大河內相傳系圖

津吉大輔房
├ 紏（津吉三郎 榮範甥、以榮範讓大河內知行、）
└ 榮範（爲弘安賞令拜領之、）
　　├ 覺（榮範子息 掃部助 童名熊一丸 以紏讓幷榮範施行讓大河內相傳知行、）── 宥（覺嫡子 豐後權守）
　　└ 米熊女（榮範息女 法名明圓 恆吉名以榮範讓相傳知行、）── 龜熊女（明圓子 相神浦河上〔大和ヵ〕□□權守妻女）
宇佐氏女（榮範先妻 覺繼母）── 米熊女

大河內村相傳
次第

七二 大河內村相傳系圖※

○大河內文書

（肥前國松浦郡）
〔大河內ヵ〕□村相傳□〔系圖ヵ〕

三郎
□ ─ 聞 同源二 ─ 紀 同三郎 ─ 滿 同源二郎 ─ 月 □三郎
　　　　　　　　　　　　　帶嘉元三年六月十二日伯父榮範讓、　妙心孫聟

紀 ─ 榮範 津吉大輔房
　　帶嘉元三年四月六日御配分狀、爲弘安四年蒙古合戰賞給之、
　─ 覺 童名熊一丸　訴人
　　大河内掃部助 本名五郎二郎
　　帶正和二年十月廿日紀讓幷同三年卯月□施行讓及元德二年十二月十六□幷建武四年四月三日當家□

論人 榮範息女 覺姉

國府四郎入道後家
榮範先妻
宇佐氏 法名妙心 ─ 女子 夫伊萬里彌二郎高通 ─ 高基 同彌三郎 今□彌三郎
　　　　　　　　　　　　　　　　　　　　　 ─ 女子 津吉三郎□

□□嘉元三年十月九日榮範避狀幷文保元年□月一日紀和与狀幷元德□年十二月廿五日和与下知又當村榮範拜領以前嘉元二年八月十五日・十月四日書狀等榮範書狀
付年號嘉元二

補遺二六號參看

七三

○道ゆきふり

松浦ニ赴ク軍船追風ヲ待ツ

長門國あなと豐浦（豐浦郡）の舊都に御社たゝせ給たり、これなん神功皇后と申、御神は昔西のえひすのためにかたしけなき御ちかひ侍るを、あふきたてまつるに付ても、つくし路や松浦（肥前國松浦）に

郡）おもむき侍るへきいくさの舟の、追風待わひ侍るほとに、古の御船出の四十八艘の事をなすらへて、三四の和歌を奉るなるへし、

西の海や安くわたらんちハやふる神のあつめしふなかすもかな

豐國のおきつ島山えてしかなこゝろのことき珠と見るへく

稚さくら花にさかへし都より猶このうらを神やしめけん

此國の一宮（豐浦郡）住吉明神にたてまつる歌四首、御社の數になすらへてよめるなり、

うき雲のをひ風まちて天の原神代にてらせ日のひかりみむ

末の代のまほりもしるく千ハや振神の中にもひさにへぬれは

やハらける光もらすなしらなみのあハきの原をいてし月影

神かきの松の老木はわかくにのやまとことはのたねやなりけん

ねかはくハ此歌の心をみそなはし給ひて、あまかけりてもまほりたまへ、このたひかくをろかなる身に二心なく君につかへたてまつる事、あきらかなる神の道を一すちにたのみ侍てなるへし、霜月（應安四年）十三日は、住吉の御日にて侍れは、彼一宮に詣侍るに、本社よりも猶かうく〳〵しく神さひていみしく見えさせたまふなり、此御前より西にあたりて、西の海のはるかにみわたされたり、松浦への船ともゝみなこのちかき海のへたにふくら嶋（長門國厚狹郡）といふとこ

松浦ヘノ軍船長門福浦島ニ碇泊ス

ろにかゝり侍るを、今一しほ此御神の御前にて祈たてまつりて、又一首よみてたてまつる歌、

夢のうちにみえけん神の御そきぬの袖のは風ハなほそ吹へき

此歌のこゝろは、今年九月に、豊後の高崎（大分郡）の城より、宗久といふ僧此方にわたり侍らんとて、舟にのりはへりなから、順風なかりける夜の夢に、よハひ八十はかりの翁の、かみひけしろきか、ゐほしに浄衣きたる一人出來て、左の袖をひろけて、これに乗て舟出せよといひて袖をうちふり給ひけれは、をひ風吹てこなたにわたりぬとおほえけるを、夢心地に住吉の大明神よと思ひてさめ侍るに、やかて其曉風よくなりぬとて舟いてゝ、日のうちに周防のくた松（都濃郡）といふところにつきぬとかたられし事を、ふと思ひ出て侍りしほとに、この歌もその心をかたかけてよめるなり、此舟ともけふも出侍らすとて、ふくらの嶋よりつかひきたり、小舟にて天川といふわたりをして参たりと申しゝかは、こゝにもかゝるわたりのありけるよと思にも、あはれ星逢のはまのつゝきに此渡のあらましかはとそおほえ侍る、このついてに又歌二首、

秋にしもかきらさらなんあまの川あまのを舟ハ今もかよふを

松浦ふねはやこきつけよあまの川まれなる中のわたりなりとも

松浦船福浦島ヲ出航ス

諏訪明神とたなはたは同體とかや申めれは、殊にこの諏訪・住吉の二の御神はいくさの船のまほりにてわたらせ給ふそかしとおほえてよみ侍也、霜月十八日この歌たてまつりて七日になり侍るほとに、けふ皇后宮の御まつりとて、神供なとたてまつる日しも、朝より東風吹出て、松浦ふねはや出ぬと申、ひとへに神々に祈申しるしとかたしけなくおほえて、重て詠歌二首、

神まつるけふそ吹けるあさこち（朝東風）のたよりまちつる旅のふなてハ

勝事ハ千さとのほかにあらハれぬ浦ふく風のしるへまちえて

松浦ヨリノ使者長門ニ著ス

松浦ノ将士二心ヲ懐カントス

松浦ノ軍ノ定

此うたとも神の御こゝろにかなひけるやらん、かく舟出もおもふまゝに侍るに、十二月五日、まつらよりの使に、僧たち來り給ひて語たまふを聞侍れは、是よりの舟ともあまりに待久なりけるほとに、松浦のをのこともうちよりて、とかく又心こゝろの議定ともし侍ける折節、此浦のおきに大船四十よそう通けるを、はやこの方のふねのつきぬとおもひて、人々何の定もなくたちあかれてまちけるほとに、又舟ハよしもなきしらぬ舟ともにて、行ゑなくきこえける、又の日此ふねとも付侍るとかや、ひとへに松浦のいくさのさためを、又あらためさせしと、神々のハからはせ給けるなるへし、こなたの舟出の日しも、かゝるふねの松浦をとをりける事、うたかひ侍るへくもなき神道の御計なるへし、歌ハ必神に通

する事と申せは、かくをろかなる詞の花も神々の手向にうけひき給ふにこそ、此しらぬ舟のとをりける日は霜月十八日なるへし、こなたのふねは十九日松浦には著ける也、

松浦ニ著ス

○後藤家事蹟

七四

後藤兵庫允光明（幸明二男、初又次郎、）

一、應安元年十二月廿五日、太宰少貳冬資、永嶋庄（肥前國杵島郡）椿个里ニ陣を張り、塚崎城（杵島郡）を攻ル、光明防之、同二年正月十三日、冬資進而柏岳（杵島郡）川良村に屯し、互ニ奇正を爭候、同四年十一月十九日、今川貞世（賴泰ノ誤記カ、下同ジ）入道了俊、始而上松浦呼子浦（松浦郡）ニ至り、松浦黨を催候處、御厨三郎次郎遶・平戸源五郎勝・伊萬里三郎貞・山代彌三郎勤等盡クこれニ屬ス、潮見城（杵島郡）主橘薩摩之黨澁江孫次郎公重・中村四郎次郎公世・同祖甲坊定圓・宮裾三郎・木佐木五郎太郎等も又了俊を迎へ、致案内候而、廿四日、先ッ塚崎西山村白木之砦を攻而拔之、夫より後藤山城ニ攻メ還らんといたし候處を、光明擊之候、故薩摩之黨敗走、白木之砦を不能保、退而潮見城ニ入而了俊を待ッ、了俊潮見城ニ至リ候へは、冬資も又了俊ニ致參會候、十二月廿三日ゟ廿七日迄、了俊塚崎牟留井・後藤山城之兩城を圍而合戰之半、冬資父（賴尚）死去付

今川賴泰、上松浦呼子浦著岸ニ就キ、松浦黨馳參ズ

て、内ハ合戰無之、翌五年正月、了俊は中野村(杵島郡)烏帽子岳ニ陣シ、冬資者柏岳ニ陣を取而、後藤山城を攻る、二月十三日、後藤之兵襲了俊之營而不勝、潮見之澁江・中村等も又來而了俊ニ加勢ス、後藤之兵又襲冬資之營而互ニ有勝敗、此時了俊筑後國を征せんといたし候ニ依而、同月廿九日、去長嶋庄候事、

七五　橘薩摩公與軍忠狀

○東京大學史料編纂所所藏橘中村文書

橘薩摩東福寺掃部助公與申軍忠事

右、爲九州凶徒退治、依　大將軍(今川貞世・了俊)御發向而、去季七月九日、中國參安藝國而、自供奉仕以來、同十一月十九日、肥前國上松浦呼子津(松浦郡)罷着、同廿四日、馳加塚崎庄(杵島郡)西山而、致度々合戰、其後大將軍(今川頼泰)志保田(藤津郡)仁御越之時、案內者之御共申、同十二月五日、於潮見山(杵島郡)初構城郭致合戰、同廿三日、寄武雄(杵島郡)之城、抽忠節畢、次今年十三日、於烏帽子山(杵島郡)晝夜御合戰之間、隨仰而潮見城警固仕、抽軍功訖、然早下賜御判、爲備向後龜鏡、粗言上如件、

應安五年三月　日

「承了、(花押)」

今川勢、上松浦呼子津ニ著岸ス

七六　今川了俊書下

○宗像神社文書

志佐濱田修理亮入道、石田保内藥師丸地頭職ヲ違亂ス

宗像大宮司氏俊代申壹岐嶋石田(石田郡)保内藥師丸地頭職事、度々被仰之處、志佐濱田修理亮入道(筑前國宗像郡)尚以違亂云々、太不可然、好而招其咎歟、所詮、不日停止彼妨、沙汰付下地於氏俊代、可

今川了俊、志佐男房ヲシテ下地ヲ宗像氏俊代ニ沙汰付ケシム

執進請取之狀、若猶不事行者、可有殊沙汰之狀如件、

永和四年二月廿五日　沙彌(今川貞世・了俊)(花押)

志佐男房殿

七七　今川了俊書下

○宗像神社文書

志佐濱田修理亮入道、藥師丸地頭職ヲ違亂ス

宗像大宮司氏賴申壹岐國藥師丸(石田郡)事、依爲本領、數个度成敗之處、志佐濱田違亂云々、太不(筑前國宗像郡)可然、好而招其咎歟、所詮、重莅彼所、可沙汰付下地於氏賴代、若猶及異儀者、任被定置

今川了俊、千手藏人入道ヲシテ下地ヲ宗像氏賴代ニ沙汰付ケシム

之法、可致其沙汰之狀如件、

至德元年六月八日　沙彌(今川貞世・了俊)(花押)

千手藏人入道殿

七八　今川了俊書下

○宗像神社文書

濱田安藝守、藥師丸地頭職ヲ押妨狼藉ス　今川了俊、志佐調ヲシテ下地ヲ宗像氏頼代ニ沙汰付ケシム

宗像大宮司氏頼申壹岐國藥師丸（石田郡）地頭職事、數个度被仰處、濱田安藝守及押妨狼籍（藉）云々、太不可然、好而招其咎歟、所詮、使節相共、任法、可被沙汰付下地於氏頼代之状如件、

至徳二年五月六日　　　沙彌（今川貞世・了俊）（花押）

志佐壹（調）岐守殿

七九　大般若波羅蜜多經奥書

○新潟縣新穗村潟上牛尾神社所藏

松浦住人理圓房、大般若經ヲ書寫ス

第五十四卷

嘉慶三年五月　　　理圓房

第七十三卷

□□三林鐘（六月）□□□肥前國松浦（松浦郡）住人書寫畢、　　　理圓房

第七十五巻

嘉慶三年鐘林(マヽ)□　□□松浦　理圓房

第八十巻

康應元年林鐘　九州肥前國松浦住人書寫了、　理圓房

第八十三巻

九州肥前國松浦住人　理圓房

第八十四巻

康應元年夷則(七月)　理圓房

第九十一巻

康應元年夷則　理圓

第九十四巻

康應元年夷則　理圓房

第九十七巻

康應元年南呂(八月)　理圓房

第二百七十一巻

康應元年南呂　　理圓房書
第二百七十三巻
康應元年南呂
第二百七十五巻
康應元年南呂　　理圓房

八〇　今川了俊書下

○宗像神社文書

今川了俊、志佐調ヲシテ藥師丸地頭職ヲ宗像氏重代ニ避渡サシム

(筑前國宗像郡)宗像大宮司氏重申壹岐國藥師丸(石田郡)地頭職事、度々成敗之處、尚以不事行云々、太不可然、所詮、止押妨之儀、可被避渡下地於彼代之狀如件、

明德三年十二月十五日　　沙彌(今川貞世・了俊)(花押)

志佐(調)壹岐守殿

八六八號ト同一文書ナルモ大異アルニ依リ再掲ス

今福ノ内二所衣裳分又ハ酒手分トシテ預ク

八一　松浦定預ケ状寫

○松浦文書類四所收今福文書

かつ〳〵あつけ候少分の事、いまふくの中二所合（たつの木のもと）一反一丈代六百文、一〔所脱〕一反代四百文、一所（きりの木のもと）二丈代二百文、一所（こしまひらき）二丈二百文、やしきの事一（まつのを）个所代五百文、い上代一貫五百文、
右此少分の事ハ、いしやう分又ハさかて分として、まつかつ〳〵あつけ候也、あきところをたつね候て、重々あつけ候へき也、いよ〳〵ち〔ほ〕うこうの事、ねんころに候者、目出かるへく候也、仍爲後日狀如件、

明德二年ミつのとのとりのとし正月五日　　定（松浦）

おしふちいか（伊賀）やう（四郎）殿

尚々いよ〳〵ち〔ほ〕うこうの事、ねんころにあるへく候也、

今川貞臣、志佐調ヲシテ藥師丸名ヲ妙樂寺當住靜山和尚ノ雜掌ニ遵

八二　今川貞臣書下

○宗像神社文書

博多（筑前國那珂郡）妙樂寺當住靜山和尚雜掌申壹岐國（石田郡）藥師丸名事、
依爲宗像（宗像郡）大宮司氏重本領、令寄進云々、氏重本領之段、以前度々沙汰畢、仍數个度被仰之

行セシム濱田安藝權守跡ノ輩、藥師丸名ヲ押領ス

處、濱田安藝權守跡之輩押領之間、不事行之條、太不可然、所詮、可被遵行下地於雜掌、若號帶濱田御下文者、不日可出帶正文之由、可被相觸狀如件、

明德四年四月廿二日　陸奧守（今川貞臣）（花押）

志佐（調）壹岐守殿

○大河内文書

八三　小城西鄉大田莊栖原村相傳系圖※

松浦山口豐後守ノ後家

□□□（肥前國カ）小城西鄉大田庄栖原村相傳系圖

□尼
□（聞カ）性 ― 覺儀 彥次郎入道
- 源任 五郎
  - 嫡女 阿久理、法名祥金　松浦山口豐後守後家
    - 女子 彼夫依背南殿（今川賴泰カ）御意始被召放、
    - 成增 鄉公　帶代々重書讓狀等、後藤黑髮息男
  - 源淨 又五郎　無子孫死去了、梶山緣者屋敷一所相傳、
- 六郎 ― 女子 福寿

松浦党関係史料集 第4

2009年4月30日 初版第一刷発行 定価（本体15,000円＋税）

編者 瀬野精一郎
村井章介

発行者 八木壮一

発行所 株式会社 八木書店

〒101-0052 東京都千代田区神田小川町3-8
電話 03-3291-2961（営業）
03-3291-2969（編集）
03-3291-6300（FAX）
E-mail pub@books-yagi.co.jp
Web http://www.books-yagi.co.jp/pub

印刷 白峰社
製本 牧製本印刷
用紙 中性紙使用

ISBN978-4-8406-2034-5

宮崎康充編

国司補任　全六冊

A5判上製

第一　七、三五〇円
第二　九、四五〇円
第三　八、四〇〇円
第四　九、四五〇円
第五　品切
索引　一二、六〇〇円

本書は、大宝元年（七〇一）以降の国・島・大宰府・鎮守府（摂津職・河内職・和泉監を含む）について、その四等官と史生および前司等を諸史料より索捜し、可能なかぎり掲出しようとするものである。掲出方法は国別編年とし、各年ごとに所見のあった四等官等をまとめた。国の配列は概ね延喜式の記載に従った。利用の便をはかり、出典を明らかにして新編集・刊行するものである。第一巻　大宝元年（七〇一）～延暦十年（七九一）　第二巻　延暦十一年（七九二）～仁和四年（八八八）　第三巻　寛平元年（八八九）～寛和二年（九八六）　第四巻　永延元年（九八七）～延久五年（一〇七三）　第五巻　承保元年（一〇七四）～平治元年（一一五九）　第六巻　遠山久也編　人名索引

永井晋編

式部省補任　全一冊

A5判上製　一二、六〇〇円

藤原道隆政権の成立した正暦元年（九九〇）から建武政権が崩壊した建武三年（延元元年〈一三三六〉）までの期間について、編年で編集した式部省の補任表である。補任表に記載した人物の系譜・経歴を中心に整理した人名考証や、解説、重代の家として頻出する家の系図および詳細な人名索引を付す。

市川久編

近衛府補任　全二冊

A5判上製

第一　九、四五〇円
第二　九、四五〇円

大同二年（八〇七）より建久九年（一一九八）までの近衛府の大将・中将・少将の任免並に兼任等を年ごとに列挙した補任次第書である。諸記録にあたり新たに編集刊行するものである。第一巻　大同二年～延久四年　第二巻　延久五年～建久九年　第二巻巻末に詳細な人名索引と近衛府補任系図を加える。

市川久編

衛門府補任　全一冊

A5判上製　一〇、五〇〇円

弘仁二年（八一一）左右衛士府が左右衛門府に改編されてより建久九年（一一九八）までの左右衛門の任免ならびに兼任等を、数多くの史料を駆使して編集する。『蔵人補任』『近衛府補任』に続く編者の労作。出典の明確なことでは定評がある。衛門府補任系図と詳細な人名索引を付して刊行する。

井上幸治編
外記補任
A5判上製　全一冊　一〇、五〇〇円

大宝元年(七〇一)から明応九年(一五〇〇)までの外記の補任次第書である。これまで『続群書類従』所収分が利用されてきたが、今回『続群書類従』本を底本とし、諸史料から新編集。年ごとにその姓名・本官・位階・任免・異動月日・兼官等を列記、出典を明確にした。巻末に外記考証・系図・解説・人名索引付。

永井晋編
官史補任
A5判上製　全一冊　一〇、五〇〇円

正暦元年(九九〇)より建武三年(一三三六)までの太政官弁官局の史の補任次第書である。諸記録にあたり、出典をあげて現任の位階・氏名・任日・兼官のみならず、前官・史巡・叙爵も載せ、新編集刊行するものである。巻末に各人の履歴を表す官史考証、詳細な人名索引と解説、官史系図を付して刊行する。

宮崎康充編
検非違使補任
A5判上製　全三冊　**完結**
第一　七、三五〇円
第二　九、四五〇円
別巻　一一、五五〇円

弘仁七年(八一六)より元弘三年(一三三三)までの検非違使を数多の史料より抽出し、姓名・本官・位階・任免・兼官・加階を年ごとに掲出し、出典を明確にする。
第一巻　弘仁七年~貞応二年　第二巻　元仁元年~元弘三年、系図・索引付。
別巻　一・二巻の編集過程で調査した検非違使別当と佐の経歴(補遺)

湯川敏治編
歴名土代
A5判上製　全一冊　一五、七五〇円

本書は山科言継・言経父子自筆の四・五位の叙位記録で、貞治六年(一三六七)~慶長十一年(一六〇六)までを収める。今回、東京大学史料編纂所の自筆本を底本として翻刻する。また、『公卿補任』の体裁にならい配列しなおした編年索引を作成し、人名索引を付した。四位・五位の人々の経歴を知るための好史料。

米田雄介・荒川玲子・詫間直樹編
新摂関家伝
A5判上製　全二冊
既刊第一　九、四五〇円

藤原氏流で摂政または関白となった人物の官歴を「諸家伝」「摂関家伝」をもとに、諸記録にあたり新たに編集した。鎌足より藤原北家の当主を掲出し、五摂家分立以前は補任順に、五摂家分立以後は、近衛・鷹司・九条・二条・一条の家毎に掲出する。第一には鎌足より戦国・安土桃山、第二に江戸時代を収める。

史料纂集既刊書目一覧表

古文書編

配本回数	書名	巻数
①	熊野那智大社文書	1
②	言継卿記紙背文書	1
③	熊野那智大社文書	2
④	西福寺文書	全
⑤	熊野那智大社文書	3
⑥	青方文書	1
⑦	五条家文書	全
⑧	熊野那智大社文書	4
⑨	青方文書	2
⑩	熊野那智大社文書	5
⑪	気多神社文書	1
⑫	朽木文書	1
⑬	相馬文書	全
⑭	気多神社文書	2
⑮	朽木文書	2
⑯	大樹寺文書	全
⑰	飯野八幡宮文書	全
⑱	気多神社文書	3
⑲	光明寺文書	1
⑳	入江文書	全
㉑	光明寺文書	2
㉒	賀茂別雷神社文書	1
㉓	沢氏古文書	1
㉔	熊野那智大社文書索引	
㉕	歴代古案	1
㉖	歴代古案	2
㉗	長楽寺文書	全
㉘	北野神社文書	全
㉙	歴代古案	3
㉚	石清水八幡宮文書外	全
㉛	大仙院文書	全
㉜	近江大原観音寺文書	1
㉝	歴代古案	4
㉞	歴代古案	5
㉟	言継卿記紙背文書	2
㊱	福智院家文書	1
㊲	福智院家文書	2
㊳	朽木家文書	1
㊴	別本歴代古案	1